攒多少钱
才能
安心养老

槽叔◎著

北京联合出版公司
Beijing United Publishing Co.,Ltd.

图书在版编目（CIP）数据

攒多少钱，才能安心养老 / 槽叔著. — 北京：北京联合出版公司，2023.3
ISBN 978-7-5596-6669-7

Ⅰ. ①攒… Ⅱ. ①槽… Ⅲ. ①投资—通俗读物 Ⅳ. ① F830.59-49

中国版本图书馆CIP数据核字（2023）第028910号

攒多少钱，才能安心养老

作　　者：槽　叔
出 品 人：赵红仕
责任编辑：徐　鹏

北京联合出版公司出版
（北京市西城区德外大街 83 号楼 9 层　100088）
北京联兴盛业印刷股份有限公司　印刷　新华书店经销
字数 253 千字　880 毫米 ×1230 毫米　1/32　印张 11
2023 年 3 月第 1 版　2023 年 3 月第 1 次印刷
ISBN 978-7-5596-6669-7
定价：68.00 元

告别焦虑

保障美好生活

前言：远方的哭声，越来越近

读大学时，我上过一门选修课，名叫新闻摄影学。在学期即将结束时，老师在课上展示了一张新闻摄影史上非常有名的照片：《饥饿的苏丹》。

照片中，骨瘦如柴的孩子蜷缩在地上，远处是一只饥肠辘辘的秃鹫。所有学生都感受到了新闻摄影的表现力和震撼力，每个人的思绪似乎都被拉到了20多年前的苏丹。下课前老师对我们说了这样一句话：

“有些问题和危机，即使你深受触动，也不过仅仅是触动。是否做出了行动，才是决定结果的核心标准。”

是的，你确实听见哭声了，但如果你认为这声音离你还很远，那么你就会继续无动于衷，任由事态变得更加糟糕。离开校园踏入社会后，我时不时会回想起老师所说的“远方的哭声”。

养老金就是如此。为养老攒钱堪称人世间的矛盾体——人人都关注养老，人人都觉得它无比重要，但什么时候做、怎么做，往往是为养老攒钱迈不过去的难关。从某种程度上说，大家都看到了退休后面临的收入缺失风险，但这就像遥远的哭声一样，很难让人付诸行动。

但对于在金融业摸爬滚打10年的我来说，积累养老金是天经地义的金融规划，堪称家常便饭。我毕业之后就不断和“社保体系”“企业年金”“个人养老金”等名词打交道，这些名词早已浸入血液。

尤其是2015年之后，我离开体制，不得不中断企业年金的积累。终于，我真正进入“养老只能靠自己”的阶段。如果你问我当时是什么感觉，我的回答就是两个字：裸奔。

这种感觉许多人可能不理解，没关系，不止你这么想，我太太也这么想。那一年我和太太刚刚背上房贷，工作刚刚步入正轨没几年，还打算要孩子。当时连我太太都觉得奇怪，在她眼中无比“固执”的我，却依然坚持每个月积攒养老金。虽然回想起来，当时买的很多理财产品并不是严格意义上的养老金产品，但起码我实现了“把钱攒下来”这个简单而纯粹的目的。

当时我给太太立了军令状，每个月攒养老金，绝不会影响以下三件事。第一，按时还房贷；第二，保证基本的生活品质；第三，保证太太顺利用上无痛分娩①。

回头看看，我不仅圆满完成了军令状，还通过亲身实践，让她看到了攒养老金的必要性，也看到了长期储蓄的价值和作用。

不仅是我太太，整个社会对养老理财的态度，都在发生变化。

---

① 太太分娩那年，是北京新生儿的高峰期，公立医院资源紧张，建档尚且不易，更不用说奢望无痛分娩了，因此我们必须预留出5万~10万元的预算，寻求私立医院来满足这个需求。

2020 年新冠肺炎疫情暴发，充满不确定的大环境带来了许多翻天覆地的变化，其中最值得关注的变化，就是对风险和不确定性的深入认同。

疫情下，中产阶层、高收入群体开始重新规划自己的财富结构，开始用更长远的视角寻求更安全、更稳健的资产。与此同时，未雨绸缪的价值观也越来越受到大众的认可，当我们将长期、稳健、可持续作为一种价值观时，为养老金而攒钱，就成了水到渠成的人生规划了。

当然，除疫情之外，这几年全社会对养老金的关注还源自两大因素。

第一个重要因素，是人口结构的变化。这已成为尽人皆知的事实，而非可能发生的趋势。新生儿数据走低，中国曾经引以为傲的劳动力优势正面临挑战。本书第一章提到的社保养老金，由于主要采用的是现收现付制模式，正在面临这一变化带来的剧烈冲击。

现收现付制，这个制度的名字听上去有些拗口，却是我们基于国情和社会结构所做出的必然选择。一旦选择了现收现付制，就是把养老金的命运和人口出生率牢牢绑定在一起了。事实上，这一问题早在 20 多年前就已经成为庙堂之上的重要议题。本书第二章介绍的全国社保基金理事会，就是 20 年前为了应对人口老龄化而组建的。

从更宏观的角度来看，养老金绝不仅仅是一个金融问题，而是要兼顾政治、经济、民生、文化等多因素来考量。

除了人口因素，第二个重要因素，是个体的崛起。

在传统集体主义的理念下，我为人人，人人为我，似乎是一个不争的事实。今日之社会无意改变这一现状，但这片土壤上却缓慢衍生出越来越旺盛的个体意识，这种意识在不经意间推动了养老金储蓄的发展。

即使依然把现收现付制当作主菜，我们也一定会看到越来越多的甜点、佐餐、沙拉等配菜，它们有一个统一的名字：个人积累制。说白了，各人自扫门前雪，储备好自己的养老收入，是应对当下难题的一个重要对策。

由此，略显自私地为自己积累一笔养老金，成为越来越多人的选择。

30 岁时我为自己设定的养老金投入金额为 300 万元。今天，这个数字略有增长，但没有发生质的变化。我将自己的养老投入分为三个账户①。

风险准备金：这个账户占比最低，但最不可或缺。它的存在，可以最大限度地避免老年疾病掏空家底的情况发生。

终身现金流：退休之后最安稳的养老金，不是坐拥金山银山，而是每个月都有稳稳的现金流，活多久领多久。社保养老金可以实现这个诉求，但社保养老金派发的金额满足不了我的需求，于是我建立终身现金流账户，注入商业终身养老年金，实现每月双份退休金。

稳健资金池：实现上面两个目标，就实现了“温饱”，接下来就是奔“小康”了。看病无压力，每月有钱花，在此基础上，我参考全国社保基金理事会的养老金投资风格，积攒了一份灵活支取的资

---

① 本书第三、第四、第五章会详细介绍这三个账户。

金池。

需要强调的是，这 300 万元不是我当下一次性存进去的钱。你可以把它当作蚂蚁搬家一般积累出来的数字，从 20 多岁到退休，通过几十年时间累计投入 300 万元。

对我来说，积累养老金已经变成和每日吃早餐一样的生活习惯了。时至今日，我已为个人养老金累计投入 50 余万元，完成了整体投入的 20%，序时进度一切顺利，我也会在我的同名公众号“槽叔”上展示我的养老金的实盘积累过程。

通过这本书，我会帮你厘清养老金发展的前世今生，从宏观到微观地展开养老金三个账户的面貌，抽丝剥茧地呈现积累养老金的道和术。当然，仅靠我自己多年的理论和实践可能略显单薄，但过去几年来，我和团队经纪人基于数千位养老金客户所提炼出的经验和方案，足以在你积累养老金的道路上助你一臂之力。

祝阅读愉快。欢迎你关注我的公众号“槽叔”并给我留言，分享你的阅读体验。

目录

01 中国人养老的四大迷思

1.1 我的社保养老，能领多少？_002

社保养老：国人养老第一支柱 _004
现收现付制：读懂第一支柱的钥匙 _005
个人账户：至关重要的小金库 _008
退休后，到底能领多少钱？_009

1.2 爸妈养老没问题，我就没问题？_015

养老金是个新概念 _016
土地眷恋与养儿防老 _018
爸妈领的养老金≠你领的养老金 _021
代际差异：这代退休人，欲望有点高 _023

1.3 随手买的理财，能当养老金吗？_025

重新认识银行理财 _026
怎么看理财产品保不保本？_028
中国人的养老资产，少得惊人 _029
积攒养老金，先学会自问自答 _033

1.4 实现财务自由，才能安心养老？_036

财务不自由，也能晚年富足 _037

养老替代率：衡量富足晚年的核心指标 _038

真实的替代率，要低得多 _043

02 拿什么拯救你，社保养老金？

2.1 这么多年，政府一直在补贴 _046

没有补贴的日子，我睡不着 _047

除了补贴，还要互帮互助 _050

2.2 广大百姓：延迟退休，努力工作 _054

延迟退休，到底怎么退？_055

延迟退休，能解决问题吗？_056

国企央企，也要帮忙 _057

2.3 社保基金理事会，拜托啦！_062

钱从哪儿来？_063

投资要兼顾安全性和流动性 _065

03 你有养老三大支柱吗？

3.1 “打工人”，你有第二支柱吗？_070

第二支柱：“打工人”养老金 _070
不是所有“打工人”，都有第二支柱 _072
你的钱，到底交给谁了？_074
小公司能参加企业年金吗？_076

3.2 第二支柱，也有忧伤 _079

离职可能带不走 _080
投资期限很尴尬 _084
历史包袱很沉重 _086
第二支柱带来的思考 _088

3.3 从今天起，建立你的第三支柱 _092

第二支柱：我等到花儿也谢了 _093
个人养老金制度：政府为第三支柱吹响号角 _095
税收只是前菜，配置思路才是主菜 _097

3.4 第三支柱法则：黄金三角理论 _099

风险准备金：开源之前，先要节流 _100
终身现金流：社保缺口，靠它填补 _101
稳健资金池：进可攻、退可守的资产配置 _103
黄金三角：长期投入，合理分配 _105

04 第三支柱压舱石：商业养老保险

4.1 陪伴一生的现金流：终身养老年金 _112

养老资产年金化：一道必做题 _114
终身养老年金：比社保养老更“自私” _117
买之前先来看看利益演示表 _119

4.2 第三支柱的“国债”：增额终身寿险 _123

什么是增额终身寿险？_124
增额终身寿险和终身养老年金的区别是什么？_127
增额终身寿险，利率锁定的“国债” _129
增额终身寿险，买起来挺费劲 _131

4.3 因病卧床的护工费：长期护理险 _134

什么是长期护理险？_135
终身养老年金的好搭档 _137
一辈子没用上，怎么办？_140

4.4 防止因病致贫：医疗通胀基金 _142

控制医疗开支，就是增加养老收入 _143
你看过医疗险的费率表吗？_145
医疗基金，不可或缺的风险准备金 _148
留心魔鬼细节：医疗险的停售风险 _150

4.5 擦亮眼睛，这些不是养老保险 _154
保障是保障，养老是养老 _155
你能反向约束保险公司吗？_156
避开这些坑，买对养老保险 _159

05 第三支柱生力军：公募养老基金

5.1 养老基金：有兜底，有盼头 _162
资产配置视角下的稳健资金池 _162
什么样的基金，可以作为养老基金？_163
确定持有比例，找到持有方式 _165

5.2 养老基金，亏了咋办？_170
淡定点，向社保基金理事会学习 _171
长期持有，而不是短期投资 _172
最好别用 App_175

5.3 不想操心？试试养老目标 FOF 基金 _178
什么是养老 FOF？_179
最知行合一的基金 _181
多一些宽容，多一些时间 _183

5.4 为什么不炒股？为什么不买私募？为什么不……_187
炒股：能力范围之外的钱，不要碰 _188
私募基金：少数人的游戏，不能抄作业 _190
投资前先分清这两样 _192

06 量身定制你的养老方案

6.1 体制内：审慎乐观，按需补充 _196
体制内养老，有什么优势？_199
“福利”二字，冷静看待 _200
保持心态，学习方法 _202
6.2 体制外：只有自己才能拯救自己 _205
我的亲身经历：从体制内到体制外 _207
社保最低基数：先甜后苦 _210
自由职业者：第三支柱，你的全部 _212
6.3 有娃一族：养儿还能防老吗？_215
照顾孩子 VS 提防孩子 _218
养老规划，全家参与 _219
家庭小型化是趋势，但传统观念也要重视 _222

6.4 丁克与不婚族：养老需求，更加精准 _224

终身养老年金：没有牵绊的养老金，更加纯粹 _227

养老社区：绕不开的心结 _230

6.5 高净值人群：做好规划，你将终身富有 _235

什么是高净值人群？_237

从保险金信托到家族信托 _238

我不是高净值，只是高收入 _241

6.6 离退休群体：必须守住现金流 _244

拿到一笔钱，我该怎么用？_246

企业年金：幸福的烦恼 _247

子弹有限，怎么办？_249

07 有些事，比钱更重要

7.1 规划养老之前，先解决当下风险 _254

得了重病，如何帮自己？_255

英年早亡，如何帮家人？_259

懂风险，才能懂养老 _263

7.2 穷得只剩下房子了 _265

做一份个人的财务报表 _266
反向抵押，怎么操作？ _267
权利反转，朝夕之间 _269
扔掉对保险的偏见，抓住政策窗口期 _272

7.3 养老是场持久战，心态一定要稳 _279

代际冲突：没交钱的老人，能领养老金吗？ _280
除了代际冲突，还有收入冲突 _282
辩证思考，养老这件事没法“躺平” _285

番外篇：关于养老，我和太太聊了一下 _293

附录：五个必备养老锦囊 _309

01

中国人养老的四大迷思

1.1 我的社保养老，能领多少？

“每一个努力工作、按时缴纳社保养老金的人都是兢兢业业炒菜的厨师，菜刚炒好就被火速送上餐桌，喂饱已经退休的叔叔阿姨、爷爷奶奶。炒着炒着，厨师开始慌了：怎么后厨的厨师越来越少，用餐的客人越来越多？于是厨师心里开始犯嘀咕：以后谁给我炒菜啊？”

你是从什么时候开始意识到：单靠社保养老金，已经不足以保障你的退休生活了？

也许是看到了“社保养老金余额紧张，预计2035年全部取光”[①]这类新闻，也许是感受到低生育率带来的振聋发聩的质问：我老了以后，还有多少年轻人可以供养我？就像现在的我供养着已经老去的人一样。

社保养老金到底够不够用，我们不妨先算一算，退休后，它到底能给你发多少钱？这张图，是找到答案的捷径。

① 见央视财经评论《养老金发放，“按时足额”靠什么？一拨“操作”了解一下》。

温馨提示：

为倡导低碳环保，2021年本市将继续提供电子版对账单为参保人核对社会保险个人缴费信息。如参保人确需邮寄纸质对账单，请通过所在单位或社会保险网上服务平台选择获取对账单的方式；如未选择，我们将提供电子版对账单，不再邮寄纸质对账单。

践行低碳生活 选择电子账单

电子账单一小步 绿色环保一大步

北京人社官方微信　　下载北京人社

2019年度北京市社会保险个人缴费信息对账单

（此对账单可作为个人社会保险缴费证明）

对账专用章

姓名：[redacted]　　电脑序号：[redacted]

社会保障号码：[redacted]　　人员类别：[redacted]　　单位：元

月份	申报的月缴费工资	各项社会保险月缴费基数					养老缴费信息		失业缴费信息	工伤缴费信息（个人不缴费）	医疗缴费信息	生育缴费信息（个人不缴费）
		养老	失业	工伤	医疗	生育	单位缴费	个人缴费	个人缴费		个人缴费	
1	21391.00	21391.00	21391.00	21391.00	21391.00	21391.00	4064.29	1711.28	42.78	42.78	430.82	171.13
2	21391.00	21391.00	21391.00	21391.00	21391.00	21391.00	4064.29	1711.28	42.78	42.78	430.82	171.13
3	21391.00	21391.00	21391.00	21391.00	21391.00	21391.00	4064.29	1711.28	42.78	42.78	430.82	171.13
4	21391.00	21391.00	21391.00	21391.00	21391.00	21391.00	4064.29	1711.28	42.78	42.78	430.82	171.13
5	21391.00	21391.00	21391.00	21391.00	21391.00	21391.00	3422.56	1711.28	42.78	42.78	430.82	171.13
6	21391.00	21391.00	21391.00	21391.00	21391.00	21391.00	3422.56	1711.28	42.78	42.78	430.82	171.13
7	30000.00	23565.00	23565.00	23565.00	27786.00	27786.00	3770.40	1885.20	47.13	47.13	558.72	222.29
8	30000.00	23565.00	23565.00	23565.00	27786.00	27786.00	3770.40	1885.20	47.13	47.13	558.72	222.29
9	30000.00	23565.00	23565.00	23565.00	27786.00	27786.00	3770.40	1885.20	47.13	47.13	558.72	222.29
10	30000.00	23565.00	23565.00	23565.00	27786.00	27786.00	3770.40	1885.20	47.13	47.13	558.72	222.29
11	30000.00	23565.00	23565.00	23565.00	27786.00	27786.00	3770.40	1885.20	47.13	47.13	558.72	222.29
12	30000.00	23565.00	23565.00	23565.00	27786.00	27786.00	3770.40	1885.20	47.13	47.13	558.72	

养老保险个人账户上年结转	养老保险本年计入个人账户部分合计	养老保险本年补缴计入个人账户部分	本年利息	养老保险个人账户本息合计（仅限本市）	至2019年末养老累计实际缴费年限（仅限本市）
80752.31	21578.88	0.00	7014.90	109346.09	6年5个月

说明：

1、本对账单显示内容主要用于参保人核对上一年度个人缴费情况。其中，本对账单中的空格内容包含以下几种情形：
（1）单位或个人委托存档人员未按时足额缴费 （2）缴费中断 （3）未参保 （4）其他。

2、参保人如有异议且经所在单位确认，请参保人所在单位持此对账单在公告规定时间内（2020年12月31日前）到所属经（代）办机构进行社会保险缴费相关信息的核对、修改或按有关政策规定与要求进行补缴。

3、养老保险个人账户上年结转：参保人在本市参保缴费至2018年底养老保险个人账户本息合计。

4、养老保险本年计入个人账户部分合计：指参保人在本市缴纳2019年的养老保险费后，计入个人账户部分金额的合计。

5、养老保险本年补缴计入个人账户部分：指参保人2019年在本市补缴2019年之前年度的养老保险费后，计入个人账户部分金额的合计。

6、本年利息：个人账户金额在本年产生的利息。

7、养老保险个人账户本息合计（仅限本市）：指养老保险个人账户上年结转、养老保险本年计入个人账户部分合计、养老保险本年补缴计入个人账户部分、本年利息之和。

8、2019年12月，按国家有关规定，生育、医疗保险合并实施。

9、受新冠肺炎疫情的影响，根据国家和北京市的相关政策，12月份未缴费到位的，缴费信息不展示，但不影响需要参照社保权益记录的资格审核。

养老、失业、工伤保险经（代）办机构全称：北京市通州区社会保险事业管理中心(80579012)

医疗、生育保险经办机构全称：北京市朝阳区社会保险基金管理中心(53918500)

查询网址：http://rsj.beijing.gov.cn/csibiz/

打印日期： 2021 年 9 月 15 日

这是我2019年的社会保险对账单。如果你和我一样，也是“打工人”，也缴社保，一定也有这种对账单。它清晰地记录了你的社保缴费情况，白纸黑字，留存于社保系统里。想要理解你的养老金，理解咱们中国人的养老金，这张表就是故事的起点。

社保养老：国人养老第一支柱

表格里我的那份养老金，全称是城镇职工养老保险，它和城乡居民养老保险一起，统称为社保养老金。它们组成了中国的社会养老保险体系，是咱们中国人养老的第一支柱。“第一支柱”这四个字，我会在本书里经常提到。

在中国，有10亿人参加第一支柱[①②]。如何区分城镇职工养老金和城乡居民养老金呢？很简单。

如果受雇于固定的企业或单位，月收入相对稳定，主要居住在城镇，自诩“打工人”，每月的社保和工资挂钩，那么这类社保养老金就是城镇职工养老保险（以下简称“职工养老金”）。

如果居住在城镇或乡村，没有固定单位或企业，自己单干或者务农，每年缴纳固定金额的养老金，那么这类社保养老金叫作城乡居民养老保险（以下简称“居民养老金”）。

---

① 2022年人社部等部门发布的《〈关于推动个人养老金发展的意见〉宣传提纲》显示，截至2021年年底，全国参加基本养老保险的人数达到10.3亿人。

② 文中数字多为概数，并非准确数字，仅供读者参考。

虽然都叫养老金，但职工和居民养老金的收入规模差别巨大。

2021 年，职工养老金当年收入 6 万亿元，支出 5.6 万亿元，累计结余 5.2 万亿元；居民养老金当年收入 0.53 万亿元，支出 0.37 万亿元，累计结余 1.1 万亿元。[①] 不管是从增量角度还是从存量角度来看，第一支柱的主体都是职工养老金。读懂中国的第一支柱，必须先读懂职工养老金。

这一章我们来重点分析职工养老金，居民养老金会在本书第二章和第六章详细介绍。

现收现付制：读懂第一支柱的钥匙

回到上面那张图，查阅“养老缴费信息”栏可以看到，2019 年 1 月至 4 月，槽叔月收入 21391 元，每月缴纳的养老金为 5775.57 元。其中单位交 4064.29 元，个人交 1711.28 元。之所以要分成两笔，是因为设计职工养老金制度时，政府设立了两个账户：统筹账户和个人账户。

统筹账户由单位出资，按月薪的 19% 计算[②]，是 4064.29 元。

个人账户由职工自己出钱，按月薪的 8% 计算，是 1711.28 元。

统筹账户的 4064.29 元是共用金，这笔钱通过进水口直接流入一个“大水缸”，与此同时，水缸的出水口不断有水流出。正在工作的

① 见 2021 年度人力资源和社会保障事业发展统计公报。

② 19% 是 2019 年的缴费比例规则，后续已调整为 16%。

人不断积累统筹账户，如同不断从进水口往里灌水；已经退休的人只领钱不交钱，相当于不断从出水口取水。在这个水缸的外壁上刻着五个大字：“现收现付制”。

现收现付制的灵感来自 19 世纪的德国，时任首相的俾斯麦通过自上而下的大一统方式提出这套养老方案。但时过境迁，100 多年后，现收现付制遇到了一个奇葩的敌人——低出生率。

如果每年流入的水多于流出的水，多出来的水就沉积在缸内，以备后续使用，这就是社保养老基金结余。社科院世界社保研究中心做过测算，2027 年，职工养老金当年的结余将首次出现负数[①]——进来的水比流出的水少。这也意味着从今往后，就得靠水缸里的存量水了，所谓“吃老本”，说的就是这件事。如果任由其发展下去，什么也不做，养老

① 见郑秉文《中国养老金精算报告（2019—2050）》，中国劳动社会保障出版社，2019 年 5 月版。

金的累计结余将于 2035 年耗尽。耗尽的意思是：老本啃光了。

2035 年并不是很遥远，你正在阅读的这本书出版于 2022 年，往后数 13 年，就是 2035 年，往前数 13 年，就是 2009 年。2009 年在你的记忆里有多清晰，2035 年对你来说就有多迫近。

事实上，当年结余为负的情况已经提前发生了。2020 年，由于新冠肺炎疫情暴发，为给企业纾困，国家出台了社保减免政策。虽然减少了企业负担，但社保养老基金的收入受到影响，提前 7 年出现了当期结余为负的情况，累计结余也缩水近 5000 亿元。新闻是正在发生的历史，当你回头凝视，就能有所感知。

2010—2020 年社保养老基金收支情况（单位：亿元）

年份	收入	支出	当年结余	累计结余
2010	13872.9	10755.3	3117.6	15787.8
2011	18004.8	13363.2	4641.6	20727.8
2012	21830.2	16711.5	5118.7	26243.5
2013	24732.6	19818.7	4913.9	31274.8
2014	27619.9	23325.8	4294.1	35644.5
2015	32195.5	27929.4	4266.1	39937.1
2016	37990.8	34004.3	3986.5	43965.2
2017	46614	40424	6190	50202
2018	55005	47550	7455	58152
2019	57026	52342	4684	62873
2020	49229	54656	-5427	58075

数据来源：历年《人力资源与社会保障事业发展统计公报》

在老龄化和少子化的双重压力下，政府已经开始采取措施了。在第二章里我会详细介绍给社保养老金“输血”的几大疗法，在此之前我们得先搞清楚另外一件事：

我每个月工资贡献的4064.29元，属于现收现付制，但不是还有1711.28元的个人账户吗？这笔钱还好吗？

个人账户：至关重要的小金库

社保养老金里的个人账户，是自己的小金库。个人账户的存在，可以在一定程度上缓解未来的养老压力。

打个比方，每一个努力工作、按时缴纳社保养老金的人都是兢兢业业炒菜的厨师，菜刚炒好就被火速送上餐桌，喂饱已经退休的叔叔阿姨、爷爷奶奶。炒着炒着，厨师开始慌了：怎么后厨的厨师越来越少，用餐的客人越来越多？于是厨师心里开始犯嘀咕：以后谁给我炒菜啊？

作为一个自私而理性的人，厨师的第一反应是：出锅时，给自己的碗里偷偷拨出一点儿，以防万一。自己的这个饭碗，就是个人账户。

每个月单位缴纳的4064.29元会直接贡献给已经退休的长辈，除此之外，我自己另外缴纳的1711.28元会留在我的个人账户里。贡献长辈的钱属于现收现付制，留给自己的钱也有个专有名词：基金积累制。日积月累，是为积累。你看，这个词也非常贴切，它描绘出了一幅美妙的劳动景象——蚂蚁搬砖，日积月累，越攒越多。从立春忙到立冬的农民，把全年的收成归仓，幸福地对自己说：“都是俺的，谁也拿不走。”

但回到现实，个人账户也面临空账问题。在社保养老金的实际运作中，存在“临时借用”个人账户的情况。部分地区（如东三省）受制于经济承压和养老金抚养比持续走低等问题，养老基金除了当年结余为负，累计结余也消耗殆尽①，无米下炊。为确保养老金按时发放，只能暂时“借用”个人账户（用个人账户的余额填补同期养老金支出的缺口），最终形成个人账户的空账②。换句话说，有些人的个人账户里实际上没什么钱，只能靠后续的财政贴补来填补这部分空账。

对我们每个人来说，个人账户非常非常重要。看似缴纳比例只有8%，只有统筹账户（16%）的一半，但由于权利归属清晰（完全属于你自己），且有机会享受长期投资收益（只要不是空账且交由投资机构打理），未来你能领多少养老金，个人账户的作用至关重要。我们来算笔账，可能就更清晰了。

退休后，到底能领多少钱？

说了半天，退休时我到底能领多少社保养老金？

养老金的领取额还跟很多指标有关：个人账户储存额、社会平均工资（简称“社平工资”）、缴费年限等等。如果你在北京缴纳职工养

---

① 见郑秉文《中国养老金精算报告（2019—2050）》第55页，中国劳动社会保障出版社，2019年5月版。

② 周小川出席2019年12月“养老金改革：国际经验与中国方案”研讨会的演讲稿。

$$\text{月退休金} = \underbrace{\left[\frac{\text{个人账户储存额}}{\text{计发月数}}\right]}_{A} + \underbrace{\left[\frac{\text{当地上年度社平工资}\times(1+\text{本人平均缴费指数})}{2}\times\text{缴费年限}\times 1\%\right]}_{B}$$

月退休金

这里指的就是退休后可以领到的月薪，该结果基于社保规则和模拟预测，只能逼近事实，无法映射事实。

个人账户储存额

每个月个人社保养老金账户积累的钱，多年以后，会形成个人账户储蓄额。你可以算上复利利息，但别对复利的利率有太高期待哦！

当地上年度社平工资

全国各地发展情况不同，社会平均工资也不同。你需要结合养老金发放地的宏观经济形势预测来综合分析这个数字。我建议你：不要太乐观。审慎驶得万年船。

缴费年限

很好理解，就是你缴纳社保养老金的年限。交得越多，领得越多。太阳底下无新鲜事，社保养老金的秘密就在这个公式里。

计发月数

这是国家根据不同退休年龄设定的固定数值。退休年龄越小，计发月数越大。没办法，谁让你退得早、领得早呢，那必然要发得少。对了，这个数字，未来可能会变哦，详询当地社保局。

本人平均缴费指数

这是一个有些复杂、实则简单的参数。它指的是你工作几十年中每年的工资和社会平均工资的比值，昭示着你的收入水平处于什么样的水平。这个数字，最小是 0.6，最大是 3，不会超过这个区间。

老金，可以参考这个公式[①]：

$$\text{月退休金} = \frac{\text{个人账户储存额}}{\text{计发月数}} + \frac{\text{当地上年度社平工资} \times (1+\text{本人平均缴费指数})}{2} \times \text{缴费年限} \times 1\%$$

乍看起来有点复杂。为便于理解，我把公式分为 A 和 B 两部分。

先说 A 部分。个人账户储存额就是个人账户积累的总额（个人小金库）。计发月数是政府设定的规则，领取年龄越大，计发月数越小，换句话说，领得越晚，每月领得越多（借此鼓励大家晚点领取）。

再说 B 部分。当地上年度社平工资是统计局结合实际情况发布的数据，无法准确地提前预测。本人平均缴费指数稍微有些复杂，你可以简单理解为，它是你月收入和社平工资的比值，说到底也取决于社平工资。

以槽叔为例。

假设槽叔 30 岁开始缴纳社保，交到 60 岁退休。每年的月薪都是上年度月社平工资的 2 倍[②]，一直维持到 60 岁，那么槽叔的本人平均缴费指数就是 2。

经过长达 30 年的积累，槽叔的个人账户储存额约为 90 万元[③]，计

---

① 该公式源自北京市人力资源和社会保障局“北京市基本养老保险待遇测算”服务所用公式。

② 这句话的意思是，假设 2018 年北京社平工资是每月 9000 元，槽叔 2019 年的月薪就是 18000 元。

③ 90 万的计算逻辑是基于中性假设的，详细计算逻辑可以参考附录 1。

发月数设定为139，60岁那年的社平工资为14220元[①]。将这些数据代入公式：

$$月退休金 = \frac{900000}{139} + \frac{14220 \times (1+2)}{2} \times 30 \times 1\%$$

得出每月退休金为12800多元[②]。也就是说，退休前月收入28000元的我，退休后月收入变为12800多元，不足退休前的一半。这还不算年底的年终奖（具体测算细节，可以参考本书附录1）。

不管你觉得12800多元是多还是少，都先别急着评论。先注意一个重要的事实：这个例子中，所有的假设都不严谨，是的，所有的假设。

中学物理课做实验时，老师都会对我们说："在真空环境里，这个小球垂直下落的加速度是9.8米/秒^2。"但我们都知道，真空环境只是一个理想假设，实际下落过程中要考虑风阻等因素。同理，在"槽叔退休能领多少钱"这个案例里，也存在许许多多的"理想假设"。

第一，我假设我一毕业就能拿到2倍于社平工资的高工资，出道即巅峰，且一直持续到退休[③]。如果其中任意一个月达不到这个标准，

---

① 见郑秉文《中国养老金精算报告（2019—2050）》第55页，中国劳动社会保障出版社，2019年5月版。

② 这一案例中，许多指标是我基于实际数据编撰的。个人储蓄额，默认平均每个月2500元。

③ 事实上我工作前几年的月收入，仅仅和社平工资持平。

槽叔的“本人平均缴费指数”就会低于 2，也就意味着实际每月退休金达不到 12800 元。

第二，我假设我兢兢业业缴纳社保 30 年，其间从未中断。一旦积累时间低于 30 年，个人账户根本攒不出 90 万元，每月退休金自然也达不到 12800 元。

第三，我假设的初始社平工资高达每月 9000 元[①]，而且每年都上涨，从未间断。如果没有达到这个假设，12800 元的退休金也是一厢情愿。

第四，我假设我的个人账户有 90 万元的余额，不只包含了我的储存额，还假设个人账户会产生投资收益，且每年都有 2% 的收益。如果个人账户里的钱被别人取走了，或者收益达不到预期，自然也实现不了每月 12800 元退休金的目标。

第五，计发月数 139 的设定、社平工资的制定、本人平均缴费指数的规则，这些“政府制定的规则”今后到底会不会变化，我们也不得而知。

但有一点我是确定的：无论你如何调整养老金公式里的参数，退休后的个人收入，基本都不会超过当时社会的平均工资。除非你是一个“长期高薪人士”。

什么叫“长期高薪人士”？就是你不仅每个月工资都在社平工资的 3 倍以上，还连续交了 40 年的社保养老金，堪称最忠诚的社保用户。这时候，经过计算，你的退休金可以比当时的社平工资略高

---

① 全国能达到这个水平的，目前只有北上广深及个别一线城市。

10% 到 20%。但对你来说，这个所谓的成就不值一提——因为你一直是 3 倍以上社平工资的高收入人士啊，而且这种状态已经持续 40 年了啊！

所以你发现没有，不管你如何闪转腾挪，你的退休金都摆脱不了当地社平工资的约束。所以，如果你想预测自己的未来收入，请先预测所在地区的平均收入，以及经济发展情况。

个人账户非常重要。槽叔每个月 12800 元的退休金，个人账户贡献了 6000 元，占比约 50%。如果没有个人账户长期的积累，没有个人账户的复利，最后我只能仰仗 B 部分的 6000 多元。

而 B 部分完全取决于社平工资和政府制定的指标，你没有任何掌控力，只能交给时代的洪流。

社保养老金并不是一个能算得明明白白的规则，但你可以从中获得一个弥足珍贵的底层逻辑：给自己攒的私房钱——例如个人账户——往往能带来最踏实的安全感。但这有个重要前提：长期坚持，收益保证。

1.2 爸妈养老没问题，我就没问题？

“随着城市化进程的加快，在计划生育的推动下，家庭结构发生重大变化，家庭规模从大家庭转向小家庭，亲缘保障功能迅速弱化，代际扶持模型的养老结构愈发不稳定。一切都发生了翻天覆地的变化。”

关于养老，我曾在公众号“槽叔”上发起过一个调查活动，有数百人提交了问卷。“你觉得爸妈养老遇到的最大问题是什么？”得到的答案无非两种。第一种，父母养老金不多，但也无可奈何，只能过一天算一天；第二种，没觉得爸妈养老遇到过什么问题。

子女工作后，长期和父母分开居住，很少关心爸妈对养老的需求和痛点，以至于对自身的养老危机也没有强烈的意识，总觉得岁月静好。但事实上真是这样的吗？

养老金是个新概念

很长一段时间里，中国人的认知里是没有“养老金”这三个字的。我国的社会养老保险制度，大致可以分为三个阶段。

第一阶段：中华人民共和国成立后至20世纪80年代末。这个阶段可以称作“基本没有养老金”。

1951年政务院颁布的《中华人民共和国劳动保险条例》面向几乎所有类型的企业职工及其家属，可以被视作政府引导下的职工养老金制度的雏形，但中国在后续曲折而艰苦的发展中，没有形成针对城镇和乡村的稳定而持续的养老金制度。随着20世纪80年代末劳动合同制度落地实施，国家才慢慢建立起劳动合同工人的养老保险制度。公共养老金的建立有赖于经济发展、货币政策等多重因素，那个特殊的年代确实无法为完善且全面的养老金制度提供土壤。

第二阶段：20世纪90年代初至21世纪初。这个阶段可以称作“体制内靠财政拨款才有养老金”。

20世纪90年代初，首次提出由国家、企业、个人共同承担的职工养老金制度；90年代末，首次提出统筹账户和个人账户的概念；21世纪初，明确两个账户的比例和细节。历经十余年，职工养老金制度终于露出了全貌，登上历史舞台[①]。总体来看，20世纪90年代

① 这期间至关重要的三个文件依次是：《国务院关于企业职工养老保险制度改革的决定》（1991年），要改革了；《国务院关于建立统一的企业职工基本养老保险制度的决定》（1997年），要建立制度了；《国务院关于完善企业职工基本养老保险制度的决定》（2005年），终于完善并定稿了！

初至 21 世纪初，这个阶段的养老金制度主要针对体制内，且由于现收现付制尚未充分建立，所以资金来源主要为财政供款，相当于体制内循环。但由于各地财政收支情况迥异，且中央尚无统一的针对养老金的转移支付机制，所以即使是体制内，养老待遇也存在肉眼可见的差别。但无论如何，当今大众对于体制内“福利好、养老有保障”的这类认知，正是在这几十年间不断树立并强化的。

第三阶段：2010 年至今。这个阶段可以称作“让中国人都有养老金”。

2009 年年底的统计数据显示，参加基本养老保险的中国人的数量只有 2.3 亿。同年，国务院发布了《国务院关于开展新型农村社会养老保险试点的指导意见》，采取政府补贴、集体补助、个人缴费相结合的方式，从此，即使你不在城镇打工，不供职于固定单位，也可以参加城乡居民养老。不到 10 年时间，城乡居民养老经历了从无到有的过程，为超过 5 亿中国人提供了基本的养老保障。

中国养老保险制度覆盖人数发展情况

数据来源：《个人养老金：理论基础、国际经验与中国探索》第 32 页，中国金融出版社，2018 年 12 月版

回顾历史可以看出，覆盖“打工族”的职工养老保险，成立至今不过 20 年的时间，而对那些没有固定单位、主要来自乡镇的群体来说，城镇居民养老更像是一个新生的小孩。长期以来，中国老百姓对养老金并没有充分的认识。不是不关心爸妈养老，而是根本不关心养老。

土地眷恋与养儿防老

《在峡江的转弯处》是我非常喜欢的一本书，该书的作者陈行甲是 20 世纪 80 年代从大山里走出来的大学生，曾官至县委书记。他在接受采访时说，妻子曾在人生低谷期宽慰他，实在不行就回老家，家里还有田。中国城市化进程并没有从早期就改变国人对于乡土的眷恋和归属感。尤其是对于最广大的乡镇农村群体来说，有地、有田就能过日子，这是很多人淳朴的期待。“我在老家有块地”，有地种、有饭吃、有事做，这是我们国家的一种特殊的制度属性。

大国小农，农民众多，一直以来都是我国的基本国情。我国有 2.9 亿农民工，其中 1 亿人在城市里稳定落户，还有 1.9 亿人长期在城乡之间二元流动。[①] 这种大规模流动在全球范围内都是独一无二的存在，之所以没有出现大的社会问题，关键是因为农民在老家还有块地、有栋房，随时有地种、有事干、有饭吃。反观印度，贫民窟是怎么来的？1995 年，印度一亩地卖 4 万元，如果你手里握有 5 亩地，立

① 见唐仁健《中国共产党农史纲要》第 23 页，中国农业出版社，2021 年 12 月版。

刻就能拿到20万元现金，这可是一笔巨大的诱惑。于是出现了大规模的卖地进城的趋势，但短期内只有少数人能够在城市立足，大多数人把钱花完了，却发现无处可去。长期以来我们坚持城镇化发展，鼓励农民进城，完善各项社会福利政策，一点一点撬动户口在内的一系列制度，但与此同时，绝不偏废城乡流动思路，农村土地集体所有的基本制度必须长期坚持，决不能动摇。这种制度安排看似是权宜之计，实则是基于国情和发展的必然选择的长期状态[①]。

养老金不属于商品和资源，只是一种货币的发放形式，本质上解决的就是衣食住行等需求。而土地和宅基地等要素可以在一定程度上弥补养老金缺失带来的不足，以至于在中华人民共和国成立后相当长的一段时间内，养老金制度在起步阶段没有考虑农村地区。随着制度的完善，城乡居民养老金制度扩大了养老金覆盖面，养老金意识才慢慢兴起。

要知道，连“退休”这个概念也不过出现40多年而已，1978年国务院出台《国务院关于工人退休、退职的暂行办法》和《国务院关于安置老弱病残干部的暂行办法》，将男60周岁、女50周岁设定为退休年龄。在“退休”成为老百姓脑海里理所应当的认知之前，大家一直秉承“能干就一直干，干不了就不干了”的淳朴思想，至于“干不了”之后手里的钱到底还能支撑多久，这个问题尚未引发大规模的思考。

如果说土地眷恋只是一种感性认知，那养儿防老就是融入血液的理性判断了。

---

① 见唐仁健《中国共产党农史纲要》第24页，中国农业出版社，2021年12月版。

养儿防老的认知将养老设定为家庭内部问题，独立于社会发展之外，很少考虑没有亲缘关系的社会互助共济模式（现收现付制的养老金），最终淡化了公共养老金制度的紧迫性和必要性。

在中国人的传统观念里，家庭内的代际供养有其天然的认知惯性，尤其在20世纪80年代施行计划生育之前，多子多福的观念深入人心。人们认为老年后的生活福祉是家庭内部的亲缘责任，不应该外溢到社会公共层面，甚至出现了子女把父母送到养老院就等同于不孝顺的观念。

但在老龄化和少子化的双重压力叠加下，家庭内部养老的模式遇到了巨大挑战，尤其是对独生子女而言。在评估代际抚养压力时，抚养比指标非常重要，它基于对人口年龄结构的分析，得出每个老年人由多少年轻人供养。精确地说，老人抚养比（赡养率）= 老龄人口 / 劳动力人口。

随着城市化进程的加快，在计划生育的推动下，家庭结构发生重大变化，家庭规模从大家庭转向小家庭，亲缘保障功能迅速弱化，代际扶持模型的养老结构愈发不稳定。一切都发生了翻天覆地的变化。[①]

当子女无法成为依靠，已经退休的老年人转而寻求退休金，却发现养老金制度让人不甚满意。这时候，养老金问题终于成为显学，摆上了老百姓的议事桌面。

---

① 见郑功成的《深化中国养老金制度改革顶层设计》，刊载于《教学与研究》2013年第12期。

爸妈领的养老金≠你领的养老金

如果你的父母长期身处体制内，或任职于高速发展的朝阳行业（如能源、金融等），他们在退休后会发现：养老金还可以，比身边的同龄人都好得多。但爸妈那一代的养老收入，并不等同于我们的养老收入。指导和预测未来，不能刻舟求剑似的照搬历史经验。

我的大学舍友老孙从小在云南昆明长大，父母都是烟草系统的老职工，退休后也觉得收入稳定，跟退休前相比确实差别不大。在分析职工养老金时，云南是一个神奇的地方。云南省的替代率达到了惊人的90%，位列全国第一。老孙父母的养老金水平，实际上有迹可循。

云南职工养老的在职参保人数非常少，仅有420多万，全国只有西藏、青海、海南和甘肃四个省份的参保人数少于云南。同时，职工参保率更是不足50%，仅西藏、重庆和安徽比它更低[①]。与此同时，云南国有企业和国有资本在经济运行中占比较高，在养老金制度层面也基本形成了体制内循环，形成了一个小生态。换句话说，老孙父母的养老金情况只反映了一小部分群体。

卷烟厂的职工和丽江拍摄婚纱的摄影师，都供职于各自的企业，但出于社保养老参与度、第二支柱补充养老的覆盖度等综合原因，两者的养老金差异巨大。对于在丽江做旅拍的摄影师来说，看到本省高企的养老金数据后请一定保持冷静，因为和你关系不大。你先好好问

---

① 见郑秉文《中国养老金精算报告（2019—2050）》，中国劳动社会保障出版社，2019年5月版。

问自己：你公司给你交职工养老金了吗？如果你是自由职业者，交过最基本的城乡居民养老保险吗？

与此同时，我们还要考虑地区之间的差异。老孙毕业后去杭州从事电商工作，和父母身处不同省份、不同社保体系。对老孙来说，云南的数据没什么参考价值，哪怕他是土生土长的云南昆明人。与其关注云南省的社保养老情况，不如关注他打算长期扎根的浙江[①]。

这就是为什么我一直说、反复说，老百姓无须过度关注官方数据。从数据到事实，中间隔着巨大的鸿沟。这个鸿沟不是谁故意造成的，而是信息传递时沟通错位、鸡同鸭讲必然导致的信息沟（Information Gap），如果不冷静分析背后的衍生逻辑、跨过这条鸿沟，盲目仰仗信息来指导自己的行动，一定会出现南辕北辙的情况。

如果老孙选择“躺平”，不在江浙地区奋斗，而是留在云南，继承爸妈的衣钵——烟草事业，他能否复制爸妈的养老模式，一直“躺平”到退休呢？仅仅从时间维度来分析，这个想法就很荒谬。

长期以来，我国城镇职工养老保险的缴费比例偏高，一直是企业缴纳 20%，个人缴纳 8%。企业负担较为沉重[②]。2018 年起政府启动实施减税降费政策，2020 年又逢疫情暴发，为保经济、稳就业，大幅度的“减收免收缓收”政策虽然提振了企业的经营信心，维护了就业市场的稳定，但导致职工养老金全年减收 1.5 万亿元。2020 年全年，职工养老保险总收入为 44376 亿元，基金支出 51301 亿元。原本预计

---

① 浙江的参保率约为 70%，达到全国平均水平，但替代率远逊于云南同期的 92%。

② 近几年已经将 20% 逐步降低至 16%。

在 2027 年才出现的当期结余为负的情况，提前 7 年发生了。10 年前云南的养老金盈余，和 10 年后的数字相比尚且差别巨大，何况再过二三十年呢。

财政吃紧已是突出问题，这时又要叠加房产调控政策。在中国地方政府的财政收入结构里，土地出让金的占比不容小觑。整体来看，土地出让金占地方广义财政收入的三至四成，占政府性基金预算的比重高达约 85%。超过四成的土地出让金将用于地方的基建项目[①]。每年职工养老金的收入中，财政补贴就占 15%，据测算，职工养老金对财政的依赖在未来只会不减反增，导致该比例会在未来 30 年的时间里提高到 25%。总之，在房地产调控的新形势下，财政收入承压明显。随着养老基金盈余和财政政策的变化，老孙如果想简单复制爸妈的养老路径，恐怕很难实现。

扫二维码
观看相关知识

代际差异：这代退休人，欲望有点高

生活越来越富足，年青一代对生活品质的要求也越来越高。远的不说，1960 年出生的人，对退休生活品质的要求，肯定比 1940 年的人更高。2000 年前后，20 世纪 40 年代出生的人步入退休年龄，那时

① 见《财新周刊》2021 年 12 月文章《土地出让金下滑，地方财政承压》。

还没有智能手机，餐馆和购物中心尚未如雨后春笋般涌出，外出旅游也是一件比较小众的消遣。退休生活可以做到简单而恬静。

20年后的今天，乱花渐欲迷人眼，对50后、60后而言，他们也渴望更丰富、更多彩的退休生活。在信息高度发达的时代，你能看到的生活，如烈焰一般吸引着你。而对尚未退休的70后、80后甚至90后来说，这样的趋势只会更加明显。

近年来随着老龄化的加剧和财政压力的增加，政府越来越强调社保养老金“广覆盖、保基本”的定位。不做过度承诺，不做福利社会，已经成为当下社会福利政策的主基调。中国是一个幅员辽阔、地区发展水平不均衡的大国，“基本”的含义指的是最广大老百姓的基本生活水平，如果你是一个花钱大手大脚的“月光族”，或者是沉浸在高端奢侈品世界的中产阶层，你的“基本生活”和国家政府所说的“基本生活”，可能不是同一个生活。

对于欲望更强的一代人来说，端正对于“基本生活”的态度，是防止“退后即贫”的重要前提。

所谓“退后即贫”，意思是退休时发现自己收入陡降，且内心毫无防备。即使想做点什么来弥补，却也为时已晚。因此对于尚未退休的中青年群体来说，应当把社保养老从“保基本”转变为“低保金”，尤其是社保缴纳基数远低于实际工资的人，退休后一定会发现收入只有退休前收入的10%～20%。养老是需要长期经营、长期面对的人生周期，如果起步维艰，刚开始就遭遇当头一棒，后续的许多规划和安排都会出现潜在问题。我也会在这本书中详细分析如何通过提前规划、未雨绸缪，来更好地提高你的养老收入基本盘。

1.3 随手买的理财，能当养老金吗？

> 同样一笔钱，你能放多久，决定了这笔钱的价值。如果你希望 1 年之后资金就到期，那么这笔钱可以投的资产就非常有限。反之，如果你答应对方这笔钱你可以长期不用，时间是 10 年甚至更久，那对方便心领神会，所做的选择也就更丰富。

你是企业高管，月薪 4 万元。我是普通职员，月薪 1 万元，和北京社平工资一致。咱俩的收入比是 4∶1。你我二人做个约定：双方只交社保养老，谁也不许额外买养老金。几十年过去，退休后你我的收入比从 4∶1 变成了 2∶1。之所以会出现这种情况，是因为社保养老金的统计公式里，平均缴费指数起着重要的均衡作用，可以使收入差距变得平滑，这一点我们在第一节就详细分析过。

搞懂这个道理之后，月薪 4 万元的企业高管彻夜难眠——我奋斗多年，怎么到头来不进反退呢？终于，你打算给自己积攒养老金了，一边想着“养老的钱必须百分之百安全”，一边打开手机银行，或者习惯性地走到银行柜台前，买了一份银行理财产品。下单后，心里觉得踏实多了，感觉浑身上下充满了自律的气息。

但你有没有想过：随手买个理财产品作为养老金，这种操作合理吗？

重新认识银行理财

文章开头提到的这位月薪 4 万元的企业高管是真实的案例，也是我们的客户。谈到理财，许多人喜欢把银行理财放到至尊皇冠一般的地位。潜意识里，总觉得银行理财意味着有银行的背书，安全性更高，心里更踏实，所以可以当养老钱。在纠正这一误解之前，咱们先来做个阅读理解：什么叫银行理财？银行理财，和银行有什么关系？

事实上，所谓的银行理财只是一种称呼，严格来说应该叫作“银行作为中间商销售的理财产品”。至于这个理财产品到底投资了哪些资产？到底有多安全？能不能保本保息？所有的问题都不应该由银行来回答，而应当由理财产品的投资方来回答。

打个比方，我们在电商平台买的电池发生爆炸，只要对方履行了经销商的基本义务，电池爆炸的责任理应由电池厂家承担。即使电商平台出于情义，给消费者做出了相应赔偿，事情的主要责任依然在电池厂。你可以在网上发帖子吐槽电商平台，但从法律层面来看，主要责任方依然是生产商。

但知易行难。老百姓总觉得银行就像政府一样代表了权威和信用，于是将全部的信赖和寄托诉诸银行，最终造成“期待错配”。

上大学时，我喜欢到处蹭课。除了人大校内的经管、哲学类课程，我还喜欢从人大西门骑车20多分钟，前往北大中国经济研究中心（CCER）蹭课。那时候北大管得比较松，进出比较自由。当时印象最深的是姚洋的课，风趣幽默，能把晦涩的经济学原理讲得深入浅出。姚洋分享过一个他的亲身经历。作为经济学家，他“理所当然”地负责家里所有的投资理财。有一次他在中国工商银行（因为他的工资卡是工行的）柜面买了几个资管产品，也没有详细了解，“人家叫我买什么我就买什么”，最后的结果是“全都亏了，没有一个是盈利的”。

但姚洋作为一个理性人和经济学家，是愿赌服输的。银行只是一个渠道，他买的是一个资管产品，可能保本也可能不保本。但是普通老百姓不这样认为呀，他们总在潜意识里觉得：我在银行柜台买的东西怎么能不保本呢？说到底，这是既有认知里刚性兑付的思维在作祟。①

记得大学谈恋爱，初期无比幸福，但后来发现女朋友实在过于黏人，我感觉每天背负着巨大的压力和责任。长此以往，自己的幸福感会不升反降②。

对于银行而言，客户的信赖一旦超越理财合同的范畴，必然意味着银行可能承担无限的责任。客户如此信任，银行当然要心怀感恩，但这却是银行不愿意看到的3。2019年，首批银行理财子公司成立，这件在金融行业看来犹如一声惊雷的新闻，在老百姓看来似乎索然

---

① 姚洋在2019年清华大学长安论坛发表的演讲，题为“我国经济的结构转型和当前经济形势”。

② 昔日女友已成为今日家庭之主，但当年的这段记忆至今仍难以忘怀。

无味。

理财子公司的建立，标志着银行彻底摆脱了保本束缚，终于竖起了“亏了也和我没关系”的一面大旗。

怎么看理财产品保不保本？

伴随着银行理财子公司的成立，银行是银行，理财子公司是理财子公司，各负其责，不要混淆。很快，净值化理财产品也逐步推广开来。既有的理财产品都不再承诺本金和收益，取而代之的是预期收益区间和免责声明。截至2021年年底，保本理财规模已实现清零，市场上的刚兑预期正在逐步被打破。

但老百姓接受净值化，依然需要时间。如果一个银行理财经理告诉客户，某款理财产品的业绩基准是“中债高信用等级中票全价指数+1.6%”，客户八成一脸蒙圈：中债高信用等级中票全价指数是啥？1.6%是咋确定的？字我都认识，但就是不知道啥意思。我就是想简简单单买个理财产品而已，难道还需要我考个理财师的证吗？

人天生懒惰，对于复杂的逻辑和认知有着不可避免的抵触心理。

你一说“业绩比较基准为1年期存款利率+125个BP”，我就头疼、浑身难受；但如果你说“每年单利4%”，我就忍不住打开了钱包。

实际销售场景里，不排除会出现下面这种情况。在某个县级市的股份银行网点，理财经理语焉不详地对你说：“张姐，这个理财产品的收益率差不多是4%，过去两年基本都在4%上下，应该没啥问题。”

远在 2000 公里外的广州，总行资管中心的投资经理对 4% 的收益率这件事一无所知。在投资经理眼里，他负责的这款理财产品是一款包含 20% 权益投资比例的偏债混合型基金，领导要求尽量做到低回撤、小波动，努力确保别亏。但最终收益率是多少，谁也不知道。至于最终亏了怎么办，亏了就亏了呀，合同里就说了："本产品为净值型产品，不承诺本金和收益。"

净值化管理下，目前可以从合同层面确定保本保息的理财产品只有三类，分别是银行存款、国债、商业养老保险。除此之外的产品，都不承诺绝对安全，你需要仔细阅读产品说明书，根据底层产品投向确定实际风险。

科普银行理财净值化，并不是要否认银行理财在养老金规划里的地位——你依然可以买银行理财作为养老资产，但你要摒弃潜意识里的保本心态。须知，你可以出于对底层资产配置的理解、对投资经理的认可、手机银行 App 操作便捷等原因而选择银行理财，但保本，绝对不是一个选项。

中国人的养老资产，少得惊人

月薪 3 万元的人，每个月要扣掉 1800 多元，进入社保养老金的个人账户[①]。粗暴地理解，这相当于他买了一个月存 1800 多元的

① 3700 多元的统筹账户我就不算了，算不明白这笔账，权当忘了这件事。

理财产品，等到60岁退休时，理财产品到期了，开始每月派发养老金[①]。

好，既然几十年后才到期，那么在到期之前，我会惦记这笔理财吗？我会时不时拿出来算算吗？肯定不会，毕竟我们内心很清楚：这笔理财，操心也没用，不如静待花开。

有人会说，社保养老金想操心也操心不了啊，毕竟是强制储蓄，所以只能安心等待。没错，你在不知不觉中说出了积攒养老金的一个核心特点：长期且强制。

同样一笔钱，你能放多久，决定了这笔钱的价值。如果你希望1年之后资金就到期，那么这笔钱可以投的资产就非常有限。反之，如果你答应对方这笔钱你可以长期不用，时间是10年甚至更久，那对方便心领神会，所做的选择也就更丰富。

可能你手里有点闲钱，金额不大，也就二三十万元。这点钱，买房买不起，炒股又怕亏，你索性去银行买个3年期理财，自以为保本保收益，还自言自语道："等到期了再说，就当给自己存养老钱了。"但真的到期之后，这笔资金只有三个命运：

第一，再买一份银行理财，但发现收益率下降了。

第二，因为临时要用钱，这笔钱直接消费掉了。

第三，这也看不上那也看不上，钱在货币基金里"躺"了半年多，大概率还要继续"躺"下去，而自己也被这笔钱搞得愁容满面。

---

① 严格来说，其实是65岁才到期，因为我算过一笔账，我极有可能会由于延迟退休政策的出台而延迟5年才能退休。这个问题，我会在下一章详细分析。

只有当你的这笔理财拥有足够长的期限和锁定期，才能被称作养老金。所谓养老金，就是通过期限约束，让资产在退休前不得赎回或不能全额赎回。

不妨算一下，你手里符合这个要求的养老资产有多少呢？

咱们来算一笔账。社保养老金目前的累计结余是 6 万亿元，用作填补社保余额不足的社保基金的累计养老金总额是 2 万亿元，总计 8 万亿元，是中国人养老金的最大来源。除此之外，2.6 万亿元的企业年金[①]和 1.8 万亿元的职业年金[②]，是第二大养老金储备来源，这两个年金统称为第二支柱，稍后我们会在书里科普。第一、第二支柱相加，属于中国人民的养老资产约为 12 万亿元。

而国外的养老金规模是多少呢？以美国为例，第一支柱约 2.9 万亿美元，第二支柱和第三支柱总计约 32.6 万亿美元。也就是说，美国养老金储备约为 35 万亿美元，约合 220 万亿元人民币。[③]这里再次提醒大家注意，这 200 多万亿元人民币的资产之所以被称作养老资产，是因为这笔资金在退休之前不会被取出，严格来说，是不能被取出的（有许多惩罚机制）。

其实咱们中国人不是不关注养老，只是关注的方式有问题。我们把对养老的安全感缺失，转变成了一种防御性手段：存钱。

中国人爱银行、爱存钱，看到存折上机打的阿拉伯数字油墨，就

---

① 见人社部《2021 年度全国企业年金基金业务数据摘要》。

② 见人社部《2021 年全国职业年金基金市场化投资运营情况》。

③ 见郑秉文《中国养老金发展报告 2020》第 309 页，经济管理出版社，2021 年 2 月版。本报告系 2020 年国家社科基金项目“当代美国社会保障制度研究”的部分研究成果。

像农耕时代看到满坑满谷的粮仓一样，让人无比踏实。我国居民存款总额已突破 100 万亿元，和刚才提到的约 12 万亿元养老资产相比，堪称巨无霸。

有人会说："别光看存款啊，老百姓还有房贷呢。"好，即使我们扣掉约 54 万亿元购房贷款后，净储蓄依然高达约 28 万亿元[①]。而且别忘了，除了存款，还有约 30 万亿元的银行理财产品，几乎都以短期理财为主，每份理财背后都有一颗热切等待随时保本保息赎回的心。净存款和理财二者相加，总计超过了 50 万亿元，依然是养老资产的 4 倍多。这里还没有把规模巨大的货币基金计算在内。

当高流动性的储蓄成为习惯，人们就会形成把钱攥在手里的心理意识，长期投资的理念很难在心中扎根发芽。即使意识到养老金的重要性，也只不过是像文章开头所说的，把储蓄变为短期银行理财，换汤不换药。随手买理财，并不能解决问题。

扫二维码
观看相关知识

① 见中国人民银行 2019 年度统计《其他存款性公司资产负债表》。

积攒养老金，先学会自问自答

理财绝非把钱投出去这么简单，养老理财更是如此。积攒养老金，第一步要做的不是走到银行柜台前，不是上网搜索理财产品，不是研究各种攻略，而是选择一个夜深人静的夜晚，静下心来问自己几个问题：

第一，我希望通过养老金理财，实现什么目的？

第二，我可以多久不动这笔钱？

第三，我是否可以承受这笔钱有波动和损失？如果可以，我对损失的容忍度是多少？

我先分享一下我的答案。

问题一：我希望通过养老金理财，实现什么目的？

答案：我希望实现三个目的。

一是有更多的退休月收入。它必须按月发放，百分之百确定，活多久领多久。这个是最难的，因为可以把“按月派发、终身领取”写进合同的金融产品少之又少。

我咨询过身边60岁以上的老人，他们都认为并希望自己活得久，对终身派发的社保养老金非常珍视。虽然我暂时还不能理解这种心态，但我认为终身现金流非常重要。社保当然可做到每月发钱，但我不知道能发多少，而且这些钱不够我花。

二是退休时有一笔低风险、中收益的资金可供我自由支配。至于这笔钱到时候具体用来做什么，我不知道，但必须提前积累出来，有备无患。

三是老年后我依然有钱支付我的商业医疗费、卧床护理费。商业医疗费是必然发生的，最为重要。卧床护理费是不一定发生的，相对次要。

问题二：我可以多久不动这笔钱？

答案：说实话，我无法百分之百地确定，但我倾向于将其分为两部分。一部分可以做到退休前一动不动，就像社保养老金，我交出去的社保我也从来不惦记，因为我惦记也没用。另一部分我短期不会动，但我会考虑到短期内子女教育、消费、住房改善等需求，预留出一部分资金。也就是说，这笔钱中有些可以在退休前一直都不动，有些可能需要在退休前就动用，但最早也不早于45岁。

问题三：我是否可以承受这笔钱有波动和损失？如果可以，我对损失的容忍度是多少？

答案：这是我的退休金，是为30年后的我准备的，我要为30年之后的我负责。我的中短期投资可以亏损，但退休金绝对不能亏损。我可以接受小部分资金在中途处于亏损状态，但临近退休时绝不能亏损。

当然，我的答案不一定就是正确答案，但足以引发你的思考。

你的答案要结合自身的年龄、预算、需求等因素，综合考量。只有完整地回答了这三个问题，才能开启养老金储蓄的新篇章。看到这里，你还会觉得随手买点理财就能当养老金吗？希望本书接下来提供的思维和方法论，能对你有所启发。

1.4 实现财务自由，才能安心养老？

> “你当然可以在财务自由时选择退休。但对大多数人来说，即使等不到财务自由的那一天，退休日依然会准时到来。”

攒够 × × 万元，够不够养老？

这类问题很吸引眼球，往往也能在评论区引发热议。当大环境浮躁而喧嚣，人人对本职工作毫无兴趣和追求，总想着“躺平”放松时，财务自由就会成为社会热议的话题。从某种程度上说，财务自由甚至成为许多人逃避现实生活的一种语言安慰剂。

但平心而论，不管是现实世界还是网络空间，人们讨论财务自由时，往往夹杂了太多的私货——高收入者喜欢鼓吹财务自由，以此确信自己比其他人更接近美好生活；中低收入者认为财务自由虚妄而空洞，不如内心平静更重要，希望通过淡化对它的讨论，让自己内心获得脱离世俗的片刻平静。

财务不自由，也能晚年富足

到底什么才是真正的财务自由？这不是本节想要讨论的话题。当我们讨论养老金问题时，恰恰需要摒弃对财务自由的讨论。否则在后续积累养老金的过程中，你的很多方法和行为都会跑偏，渐渐偏离积累养老金的初衷。

一个人长期沉浸于某个事业，最后不经意间收获巨大财富时，财务自由是非预期状态下达到的众多结果之一。即使你真的达到了内心预期的财务自由标准，也要确保资金可以永续、持久地供应自己的余生。养老金规划的第一原则就是悲观假设：假设我遇到罹患重病、企业破产、家庭成员变更等风险，我是否依然能保有终身可用的养老金储备？

你当然可以在财务自由时选择退休。但对大多数人来说，即使等不到财务自由的那一天，退休日依然会准时到来。没有被财务自由冲昏头脑的高净值人群，往往将一部分资金放入绝对安全、稳健的养老金资产包里，确保现金流的长期性、可持续性。

对于普通中产阶层来说，养老不是财务自由，养老是满足内心的需求，在忙碌半生之后，得以幸福地度过安详的日子。这件事当然取决于你的收入，但也不是完全由收入决定的。

养老金够不够花？为了回答这个问题，我们需要明确比较的对象。到底是拿你和别人比较，还是拿自己做比较？答案显然是后者。站在 60 岁的临界点，明天的你没有出现断崖式的收入下降，你就可以拍着胸脯说："我是富足的退休者。"

如果你生活本就简单，开销可控，你的养老金积累压力相较于高需求群体就小一些。消费欲望本来就很强的人，退休后也不可能彻底进入清心寡欲的阶段，必然要预留一些消费资金，满足旅游、美食等个人爱好。

财务自由没有标准，但养老有标准，这个标准就是养老替代率。

养老替代率：衡量富足晚年的核心指标

养老要和自己比，不要和别人比。评估养老金够不够用，最值得参考的标准是“养老替代率”。它指的是退休时领取的退休金和退休前一个月收入的比值。通常来说，养老替代率达到 70% 左右，是最为理想的退休金标准。

退休群体基本不再有房贷等大额负债，对子女的抚养义务也基本完成，减掉 1/3 的收入，生活品质依然可以保证基本不变。但问题是：70% 的替代率，可以实现吗？

在之前的举例中，槽叔退休时的养老金为 12800 元，退休前月收入为 28000 元，养老替代率仅为 45%。而且别忘了，这 12800 元还是偏乐观的测算。分析养老替代率，依然可以从退休金公式入手。接下来的内容有些“烧脑”，如果你时间有限，可以略过此处，跳到第 042 页直接看结论。

养老金公式里的 A 和 B 都决定了替代率。

养老替代率 =A/ 退休前月薪 +B/ 退休前月薪

其中 A/ 退休前月薪，可以经过下面一系列调整：

个人账户储存额 ÷ 计发月数 ÷ 退休时月薪

即：

$$\frac{(\text{第 1 年月薪}+\text{第 2 年月薪}+\cdots+\text{第 n 年月薪})\times 8\%\times 12\text{ 个月}\times\beta}{139^{①}\times\text{第 n 年月薪}}$$

公式看上去很复杂，其实很好理解：8% 指的是社保个人账户的缴费比例；12 个月，指的是全年个人账户缴费额之和；n 指的是社保缴费年限；β 稍微有点拗口，我称之为“个人账户投资收益系数”。什么意思呢？

我在 1.1 里分析过，社保养老金的个人账户是你自己的“小金库”。现在我想问你一个问题：小金库里的钱，能不能钱生钱（产生利息或投资收益）呢？

不同地区，答案不同。对于养老金目前相对充裕的地区（比如北京），个人账户每年都会有投资收益或利息。举个例子，30 年的职业生涯中，槽叔往个人账户里投入的本金是 20 万元，但由于利息的存在，退休时账户价值 30 万元，那么我们就可以说：个人账户投资收益系数——也就是 β——是 1.5（30 ÷ 20=1.5）。

请注意，β 是一个计算替代率的指标，和内部收益率、年化投资回报率等金融学指标完全是两码事。如果你是会计、投资分析师、理财师，这句话我是专门对你说的，避免你如同发现新大陆一般地大喊

① 这里我们引用的 139 是男性 60 岁退休时的计发月数。如果按女性 55 岁退休计算，由于个人账户储存额也相应减少，所以并不会显著影响测算结果。

一声："槽叔，你理解错了！"别误会，接着读下去。

针对月薪这个指标，我们可以把公式里的这部分单独拆出来：

$$\frac{（第1年月薪+第2年月薪+\cdots+第n年月薪）}{第n年月薪}$$

假设在你的职业生涯里，工资从来没变过，那么这个公式的结果直接就是 n。如果工资整体呈持续上涨的状态，那么结果将小于 n；反之，如果你的职业生涯出道即巅峰，后续月收入就掉头向下降，那么结果将大于 n。

不管怎样，我们可以把这部分公式简化为可能大于 n 也可能小于 n 的变量 N，于是大公式就变成了：

$$N \times 0.96 \times \beta /139$$

至此，我们可以得出几个初步结论：

第一，在大多数人的职业生涯中，工资都是整体上涨的。回望二三十年的工作经历，几乎很少有人收入越来越低吧？在工资上涨的大趋势下，N 会小于实际的缴费年数（n），最终降低了公式的结果，从而造成替代率的降低。而且尴尬的是，工资上涨得越快，替代率就越低。这个道理其实很好理解——工作前 10 年你的平均月薪是 1 万元，积累的个人账户金额少得可怜，根本无法产生足够的账户价值，用于替代退休前你 3 万多元的月收入。简而言之，一句话：收入低时的自己不争气，无法每月给高收入时即将退休的自己攒够钱。

第二，β 这个数值肯定是大于或等于 1 的，但由于个人账户的投资限制，且多地区为空账（本金都不一定有保证），所以这个数值最合理的预估应为 1 到 2 之间，1.5 是比较常见的，高也高不到哪儿去。

总之，在大多数演算情况下，N 拉低了测算结果，β 拉高了测算结果。为简化运算，N 和 β 两者可以相抵，即假设工资不涨且收益率不存在，或两者的变动趋势相互抵消。最终，公式可以简化为：

$$0.96 \times n/139$$

0.96 约为 1，那么公式即为：

$$n/139$$

原来，影响 A 部分替代率的关键指标，就是缴费年限。你社保缴费年限越多，替代率就有可能越高。以 30 年缴费年限计算（如从 25 岁交到 55 岁），替代率为 21.5%。如缴费期为 20 年，则替代率降为 14%。

现在我们来看看 B/ 退休前月薪。这部分可以经过下面一系列调整：

$$\frac{\text{上年度社平工资} \times (1+\text{本人平均缴费指数}) \div 2 \times n \times 1\%}{K\text{倍上年度社平工资}}$$

在这里，n 代表的还是缴费年限。我们将公式进一步简化为：

$$\frac{(1+\text{本人平均缴费指数}) \div 2 \times n \times 1\%}{K}$$

由于本人平均缴费指数的区间是（0.6～3）[①]，公式进一步简化为：

$$(0.8\sim2) \times n \times 1\%/(0.6\sim3)$$

① K 指个人工资和社平工资的比值。为便于计算，K 和公式中的“本人平均缴费指数”均设定为 0.6～3 之间。这里的统计公式没有纳入收入更低（实际收入少于 0.6 倍社平工资）和更高（实际收入高于 3 倍社平工资）的两大极端群体。这类参保人员占比相对较小，即使考虑他们，也不会影响“替代率最受参保年限影响”的这一结论。

遂得出：（0.67~1.33）× n × 1%。

可以看出，最影响统筹部分替代率的指标，还是缴费年限。

如连续缴纳 40 年，退休时替代率就是 40% ×（0.67~1.33），介于 27% ~ 53% 之间。

可以看出，收入越低的人，B 部分的替代率就越高。0.6 倍社平工资下，替代率可达到 40% × 1.33，即 53%。换句话说，如果你的收入足够低，且一直这么低，社保养老金的高替代率会让你退休后的满足感更强。仔细想想，当我们在电视和报纸上看到社保养老金新闻时，最常出现的词似乎正是公平、公正、调节贫富差距。这么看来，中低收入群体可以从社保里获得更大的满足感，感性认知和理性分析终于走到了一起。

但现实世界里，我们既不能保证长达 40 年的持续缴纳，更不愿意做那个永远达不到社平工资的人。更多时候，我们是竭尽全力寻找职业新机会的“打工人”，我们是辛苦工作每一天以期让自己比社平工资高一点的“搬砖人”。我们的缴费年限也许没有 40 年那么久，大多数人最多也就二三十年；同时，我们在（0.67~1.33）这个区间的取值也达不到 1.33（没有人想通过低收入来达到这个指标），略高于社平工资是大多数人的常态。

因此，一个交了 20 年社保养老金，月薪一直是社平工资 1.5 倍的“打工人”，最终的替代率可能是：

A 替代率 =14%

B 替代率 =1.25 × 20 × 1%/1.5=17%

两者相加，约为 31%。

真实的替代率，要低得多

这几年，我身边很多65后的阿姨、婶婶开始步入退休。她们许多人在21世纪初步入35岁，恰逢职工养老金设立，第一时间参与。缴纳20年（55岁左右）就退了休，你会发现，她们的替代率基本在35%上下浮动。

街坊四邻口口相传的退休金数额，到底是如何被统计公式所影响的？看到这里，你是不是觉得，冥冥之中可能早已有了安排。

别急，故事还没完。刚才我算的这一大堆，其实依然是一种乐观估计。为什么呢？

第一，从数理统计上看，收入增长对A部分替代率下降的贡献幅度非常大，远远超过了“抵消β带来的增长”的程度。准确地说，收入增长这一客观事实，大幅拉低了A部分的替代率。所以我们对A部分的预测值是偏乐观的，实际上没有那么高。

第二，我们不能忽略一个重要现象：社保施行了近20年，在实际运作过程中，缴费基数低于实际工资的情况非常非常普遍。

打个比方，你的老板为了省钱，月薪10000元的员工的缴费基数可能只有6000。事实上你也并不反对，因为你只希望每个月到手的工资能多一点。20年过去了，你以为自己是月薪10000元的中产阶层，但在社保养老金数据库里，你只是一个月薪6000元的职员。相当于你在计算替代率时，用的是你自己的真实收入，无形中增加了分母的数字，最终导致真实的养老替代率更低——因为你觉得替代率的分母是10000，而社保认为分母应该是6000。

第三，还有一个魔鬼细节容易遗漏。社保养老金只锚定了月收入，不会关注你的年终奖。但在许多人的收入结构里，年终奖占年收入的比重高达 20%，甚至更多。而这部分收入，没有任何对应的社保养老金，考虑到这个因素，替代率还会远低于预期。

总之，我个人对社保养老金的替代率一直是淡然处之的态度。替代率这个问题，绕不开，也无法预测答案。我的观点是：支持替代率逐步下降的理由实在太多，我们今天对替代率所有的预测可能都比较乐观。

如果你想在退休后尽可能地维持退休前的收入，使其不出现断崖式下降，单靠社保养老金是绝对不行的。在美国等个人养老金发达的国家，政府发起的养老金（社保养老金）替代率只能达到 30%～40%[①]，如果想能提升至 60% 甚至 70%，往往需要提早规划。

社保养老金到底够不够你养老？请你也来算一算，不正视这个问题，可能影响你几十年后的生活质量。养老金的规划也是一个动态调整的过程。一个人对现实最大的尊重，就是在穷尽努力、无限接近真相时，依然敢于承认自己的问题，甚至可以在内心平和地对自己说：也许，我可能统统都猜错。

---

① 见新华网文章《楼继伟：我国基本养老保险的替代率逐步下降》。

02

拿什么拯救你，社保养老金？

2.1 这么多年，政府一直在补贴

> “放眼望去，没人帮你分摊，只能靠你自己，没办法，最终只能求助于财政补贴。”

我们在第一章“中国人养老的四大迷思”中提到，预计2027年，职工养老金当年的结余将首次出现负数（当年收到的钱<当年发放的养老金）。但事实上，由于新冠肺炎疫情期间的社保减免政策，社保养老金收入减少，使得职工养老金当年结余为负这件事，在2020年就提前出现了。

如果我们再严格一点，把财政补贴去掉，职工养老金当年结余为负，出现的时点还可以继续往前推——2014年，职工养老金收入为20434亿元，支出为21755亿元，出现了1000多亿元的缺口。幸好，当年全国财政补贴高达3548亿元，及时填补了缺口。也正是从2014年起，职工养老金再也离不开财政补贴了。①

---

① 见郑秉文《中国养老金精算报告（2019—2050）》164—167页，中国劳动社会保障出版社，2019年5月版。

看新闻时，你可能体会不到社保养老金当年面对的压力，因为政府财政在偷偷地撒钱，深藏功与名。

没有补贴的日子，我睡不着

已经退休的中国人能按时足额领取养老金，是因为除了在职群体每月提供的统筹养老金，还有财政补贴。

2020 年，针对社保养老的财政补贴首次突破 9000 亿元。其中，城乡居民养老保险为 3134.6 亿元，城镇职工养老保险为 6271.3 亿元。

社保养老金对财政补贴一旦形成依赖，很难戒掉。

第一，老龄化日趋严重，退休人群逐年增多，养老金的支取压力越来越大。缴费赡养率是一个重要的参考指标，它指的是制度内退休人员占缴费人员的比重。如果一个地区职工养老金体系里有 100 万名退休人员、200 万名缴费人员，那么该地的缴费赡养率就是 50%，相当于 2 个在职人员“供养”1 个退休人员。我们都希望退休人员少少的、在职缴费人员多多的。2019 年的数据显示，全国缴费赡养率平均数字为 47%，接近 50%。其中黑龙江赡养率最高，为 99.8%，将近 100%。也就是说，平均每个黑龙江在职职工都要承担一位退休老人的赡养责任，没有其他在职人员帮你分摊，只能靠你自己，没办法，只能求助于财政补贴。[①]

---

① 见郑秉文《中国养老金精算报告（2019—2050）》第 42 页，中国劳动社会保障出版社，2019 年 5 月版。

第二，虽然社保在不断扩大征收范围，强化了征收力度，但过去多年持续推进的减税降费（尤其是疫情之后）进一步扩大了社保基金缺口。以职工养老金统筹账户为例，2016 年，部分地区职工养老金单位缴费比例从 20% 下调为 19%；2019 年，继续下调至 16%。回头再看我 2019 年的社保对账单，你就能发现，从 5 月起，单位缴费账户从 4064.29 元（月薪的 19%）降至 3422.56 元（月薪的 16%）。减税降费虽然对企业和个人都是好事，但客观上也加剧了社保养老金对财政补贴的依赖。

虽然都要依赖财政补贴，但城镇职工和城乡居民还不太一样——城镇职工 6000 多亿元的养老补贴，看似“饭量”更大，但这 6000 亿元只占到职工养老金总收入的 20%。整体来看，职工养老金还是可以自给自足的。

反观居民养老金，基本上就是在“吃财政饭”。2020 年，居民养老金收入为 4853 亿元，其中来自财政补贴的金额高达 3134.6 亿元，占比达 65%。也就是说，我们给 1.6 亿城乡居民发放的养老金，2/3 都来自政府补贴。

这里需要先了解三个概念：老人、中人、新人。在社保领域，我们用老人、中人、新人这三个概念来形容不同的群体。

老人：养老制度建立时已经退休了，之前从来没交过养老金，但依然需要每年领钱。

中人：养老制度建立时尚未退休，但很快会退休，大约交了 10 年的养老金。

新人：养老制度建立时刚参加工作，目前尚未退休。

如果你是参加城镇职工养老保险里的“老人”，由于目前仍有相当多的在职缴费群体，统筹账户有资金流入，你可以顺利、按时获得养老金。整体来看，职工养老金以在职人员缴费为主、财政补贴为辅，目前仍处在较为平衡的自给自足阶段。

但城乡居民养老保险就不一样了，完全反了过来。城乡居民养老保险主要面向农民和灵活就业人口，他们的世界里几乎不存在“月薪”这个东西。所以居民养老金并非按月缴费，而是按年缴费。一年到头攒了一些钱，拿出其中的几百、几千元，全部汇入个人账户。对于这些本就没有固定工作的人来说，你想让他们建立统筹账户，让“新人”和“中人”帮助“老人”，难度就太大了。怎么办？还是要靠财政补贴。

在城乡居民养老保险基金的收入构成中，尽管个人缴费在不断增长，但其占基金收入的比重却在逐年下降。2011—2017 年，个人缴费总额从 415 亿元上升至 810 亿元，但占基金收入的比重从 33.70% 下降至 24.52%。最新统计显示，居民养老金对财政的依赖度高达 74.5%[①]，我们不得不承认一个事实：城乡居民养老保险，基本上就是靠政府来掏钱的。覆盖 5.5 亿人（其中已到领取期的人数为 1.6 亿）的居民养老金就是一项超级社会福利。

当然，听到“福利”二字你也不用太激动。福利的本质是普惠、共有，所以公平是第一位的，雨露均沾的结果必然是效果有限。想想当你使用手机电商 App“薅羊毛”的时候，你是怎么理解“福利”二

---

① 见财新网文章《林采宜：各地社保缺口究竟有多大》。

字的？请把认知迁移过来。

扫二维码
观看相关知识

除了补贴，还要互帮互助

应对养老金难题，财政补贴属于直接给钱，接下来的这个方法属于间接筹钱。

全国三十多个省、自治区、直辖市，就像母亲的三十多个孩子。孩子发展成什么样，不能只看孩子本身。家长的培养方向影响也很大。但无论如何，最终的结果肯定是：有的孩子混得好，有的混得差。我们经常说东南沿海地区经济发达，中西部地区有待提高，其实就是这个意思。

各省份有各自的钱袋子，社保养老金就是其中一个钱袋子。比如广东，该省的社保养老金总额高达 1.19 万亿元。紧随其后的北京、四川和江苏，全加起来也没广东多。单单 2019 年一年时间，广东就新增了近 1300 亿元的养老金结余。存量多、增量多，日子超级舒服。

与之形成鲜明对比的是东三省。作为老工业基地，东三省产业工人多，社保养老金参保人员也多。这几年年轻人大量外流，能交养老金的人越来越少。但与此同时，大批 50 后、60 后步入退休年龄，养老金的派发可谓箭在弦上，一天都不能等。2013 年，黑龙江省成为全国第一个当年养老金（含财政补贴）收不抵支的省份。还能怎么办？

只能从余额里取了。今年用余额，明年用余额，黑龙江的养老金终于耗尽了……

孩子都是亲生的，当妈的总不能看着兄弟姐妹们撑的撑死、饿的饿死吧。财政补贴当然一直在做，但这属于“父母直接给钱”，除了靠父母，兄弟姐妹之间的帮助也是应有之义，于是中央调剂制度就出现了。

2018 年，国务院印发了《关于建立企业职工基本养老保险基金中央调剂制度的通知》，要求各省统一按照 3% 的比例，上缴养老资金，交给“爸妈”（中央政府）统一打理。这笔钱“不过夜”，当年就会再派发给兄弟姐妹。派发的原则很简单，总结起来就两个字：“公平”。

模拟一个例子，虽然数据不准确，但足以帮你理解。假设广东省年度社平工资是 10 万元，在职养老金参保人数为 0.5 亿，那么广东上交给中央的资金就是（10 万 ×90%）×0.5 亿 ×3%，即 1350 亿元。3000 千米外的黑龙江，假设年度社平工资是 8 万元，在职养老金参保人数为 0.3 亿，那么黑龙江上交给中央的资金就是（8 万 ×90%）×0.3 亿 ×3%，得出 648 亿元。两省相加，总计 1998 亿。

接下来，就是挥舞“公平正义之剑”的时候了。假设中国只有广东和黑龙江两个省份，广东领取职工养老金的已退休人员人数为 0.2 亿，黑龙江为 0.4 亿，那么 1998 亿元将被这 0.6 亿人共同分享。简单相除，每个已退休人员都得到了 3330 元。

在中央调剂的规则下，在职人员越多，社平工资越高，贡献的就越多；与此同时，退休人员越多，社平工资越低，索取的就越多。看似大家都掏了钱，但经过父母（中央政府）一转手，兄弟姐妹之间共享了发展成果。

倘若没有中央调剂制度，任由各省独享这些上交的资金，结果就是广东的退休人员每人领 6750 元，黑龙江的退休人员每人领 1620 元，最终，不同地区之间的养老金差距被进一步拉大。2019 年，单单一年，广东和北京带头，11 个省份一共贡献了近 1700 亿元。而受益的地区主要集中在东三省和中西部。

在刚才的模拟案例中，调剂金比例只有 3%，但近几年的调剂比例逐年加大，目前已经从 2018 年的 3% 涨到 4.5% 了。以广东为代表的财政高收入地区，贡献度越来越高。

其实，地方转移支付一直是我国调节经济发展不平衡的重要抓手。作为一种解决方案，不仅仅是社保领域，在教育、医疗、公务员收入等方面都能看到它的身影。

你可能会问，这么搞平均化，发达省份难道没有怨言吗？2018 年，《关于建立企业职工基本养老保险基金中央调剂制度的通知》下发后，广东省在次年就发布了《广东省人民政府关于贯彻落实企业职工基本养老保险基金中央调剂制度的实施意见》，其中斩钉截铁地写道："全省各地、各部门坚决拥护、严格执行企业职工基本养老保险基金中央调剂制度，不折不扣执行国家政策，严格按照时间节点及时筹集和上解中央调剂基金，不讨价还价，不打小算盘。"有时候想想，能信誓旦旦说出这种话，本身也是一种自豪和幸福，这正是我们国家的制度优势。

如果你是一个东北人，不管你是在北京还是在深圳打拼，只要你努力挣钱、按时缴纳五险一金，其实就是间接为家乡的养老金事业做出了贡献。

但槽叔还是劝你保持必要的冷静，因为地主家也有没余粮的时候。一些看似“家境殷实”的地区，实际上已经出现“自身难保”的趋势。比如江苏，累计结余指标虽然排名全国第四，但实际上早就进入了“吃老本”的状态（当年收支为负）。纵使如此，江苏依然要咬牙为其他兄弟姐妹做贡献——2020 年，江苏调剂金下解 586 亿元、上缴 738 亿元，净支出 152 亿元，真是含泪也要让兄弟姐妹们“吃饱穿暖”。

江苏不是一个人在战斗。2020 年，仅广东（544.5 亿元）、北京（204.7 亿元）、云南（15.3 亿元）、西藏（13.9 亿元）、新疆（4.2 亿元）和湖南（2.4 亿元）六地的职工养老保险基金收支有盈余，其他地区都是入不敷出。也就是说，虽然不少地区都已经进入“吃老本”阶段了，但只要你的老本尚有存量，你就得接济别人。

2.2 广大百姓：延迟退休，努力工作

> 延迟退休，意味着所有人都需要携起手来，晚点领钱。

养老金关乎社会稳定，如果一定要给老百姓的幸福指数找几个关键指标，养老金一定赫然在列。“提高社会保障水平”“确保养老金按时足额发放”“适度提高城乡居民养老金最低标准”，类似的表述，近年来屡次出现在财政部的“两会”报告中。

所以，降低养老金是下策。努力维持现有水平不变，适当提升，是社保养老金的核心目标。发放标准不能变，养老金的外流如同一辆高速行驶的列车，绝不能停。怎么办？少取一点是不可能了，那就只能退而求其次——晚点儿取。

于是，就有了延迟退休。

2021 年 3 月，十三届全国人大四次会议表决通过了《中华人民共和国国民经济和社会发展第十四个五年规划和 2035 年远景目标纲要》的决议。延迟退休首次出现在国家五年规划中。“十四五”规划明确指出，综合考虑人均预期寿命提高、人口老龄化趋势加快、受教

育年限增加、劳动力结构变化等因素，按照“小步调整、弹性实施、分类推进、统筹兼顾”等原则，逐步延迟法定退休年龄，促进人力资源充分利用。

截至本书完稿时，延迟退休的实施细则还未出台，但“小步调整、弹性实施、分类推进、统筹兼顾”这16个字，基本讲清了延迟退休的逻辑脉络。

延迟退休，到底怎么退？

现在的退休年龄，女性为55岁，男性为60岁。如果是在工厂工作的女性，退休年龄更早——50岁。延迟退休，意味着所有人都需要携起手来，晚点领钱。

中国社会科学院世界社保研究中心（以下简称“社科院”）模拟了一个方案，并做了测算：假设从2022年开始实施渐进式延迟退休。先把工厂女工的退休年龄每年延长4个月，即每经过3年，工厂女工的退休年龄就延后1年。于是，15年后，女工的退休年龄便增长到55岁。

这时候，以性别为标准，全社会的退休年龄终于统一了：男性60岁，女性55岁。那一年，是2037年。

从2037年开始，男女双方齐头并进，每年延迟退休4个月。

于是，又过了15年的时间，到2052年，女性退休年龄变成60岁，男性变成65岁。延迟退休的终极目标正式实现。2052年是什么概念呢？1992 年出生的萌妹子，正好 60 岁；1987 年出生的小伙子，正好 65 岁。

如果你是 1992 年之后出生的女性，或是 1987 年之后出生的男性，请从大脑中删掉“男 60 岁、女 55 岁退休”这句话，改为“男 65 岁、女 60 岁退休”。

看到这里你可能会说，幸好我是 1991 年出生的女性，不用延迟退休了。我再说一遍：延迟退休是一个循序渐进的过程，而不是铁板钉钉的时间节点。一旦延迟退休启动，所有人都会受到影响，只是影响有大小而已。对于 1991 年出生的女性来说，恭喜你，你的退休年龄确实不是 60 岁，没那么晚，你的退休年龄是 59 岁零 9 个月。所以，千万别五十步笑百步了，大家并没有本质上的区别。

延迟退休，能解决问题吗？

你可能想问：既然我们做了这么大的牺牲，问题总归能解决了吧？

很遗憾，延迟退休也是治标不治本。

根据测算，即使推行延迟退休，养老基金依然会被耗尽，只是耗尽的时间推迟到了 2042 年，比 2035 年晚了 7 年而已。

这里需要提醒你注意，刚才我们做的测算都不是最终的结果，而是社科院的假设。事实上，如果先等待女工群体从 50 岁延迟到 55 岁之后才启动全民延迟退休，也许就有些太晚了，不排除会提前实施延迟退休。而延迟退休提前完成，就意味着受到直接影响的群体的年龄阶段会大幅提前。

还有一点不要忽视：你延迟退休了，自然意味着你多工作了几年、缴纳了更多的养老金，那么，真到领取的时候，你领的养老金也许会比延迟退休出台之前还要多。好不容易增加的养老金余额，又被人以更快速的方式消耗掉了。但不管怎么说，延迟退休缓解了养老金余额的压力，依然值得尝试。最起码，它为我们争取了一些时间窗口。比如，能不能制定一些更“给力”的惠民政策，鼓励中青年群体多生多育啊？利用这段短暂的窗口期，把出生率拉上来，也算做了一件大好事嘛。

国企央企，也要帮忙

会过日子的人都知道，家里收入锐减甚至穷得都快揭不开锅的时候，要做两件事：开源和节流。说白了就是：多赚钱、少花钱。

延迟退休的底层思维是节流——对既有资金采取各式各样的闪转腾挪，以时间换空间。一顿操作猛如虎，效果是有的，但确实没有增加养老金的余额。想要治本，还得靠开源。划转国有企业的股权，就是一个非常重要的开源方法。

2017 年，一份名为《划转部分国有资本充实社保基金实施方案》的文件，正式公布。这个方案规定：不管是央企还是地方国企，都要拨出国有股权的 10%，用来解决养老金余额不足的问题。

如果你是一名国企或央企的“打工人”，你可以自豪地说，你为国家的养老事业贡献了自己的力量。除了之前我们说过的按时按额缴纳社保养老金，你个人的努力汇集成企业的盈利，也流入了老百姓的养老金池子里。

2018 年是一个具有里程碑意义的年份。当年年底，中国人民保险集团（PICC）发布了一份公告，大意是：我的控股股东财政部说了，把它 10% 的股权，交给社保基金理事会。至此，社保基金理事会持有 PICC 约 38 亿股，每年可享受利润分配和经营分红。

划转看似简单，执行起来并不容易。类似的构想其实早在 20 年前就已具雏形。2001 年，《国务院关于减持国有股筹集社会保障资金管理暂行办法》发布。时隔 8 年，2009 年财政部又发布了《境内证券市场转持部分国有股充实全国社会保障基金实施办法》，该《办法》明确规定：

> “凡在境内证券市场首次公开发行股票并上市的含国有股的股份有限公司，除国务院另有规定的，均须按首次公开发行时实际发行股份数量的 10%，将股份有限公司部分国有股转由社保基金会持有，国有股东持股数量少于应转持股份数量的，按实际持股数量转持。”

按字面意思理解，只要是国资参股的企业，一旦在境内 IPO（首次公开募股），就必须把 10% 的股权交由社保基金会持有。如果国资持股比例低于 10%，则只需按实际持股数量悉数转交即可。这个规定饱含了政府对于充实社保养老金的迫切需求，其心之诚可见一斑，但回归实际，也要尊重股权投资市场的客观规律。

这里有个大背景。2005 年起，中央和地方政府可以设立创业投资引导基金，用国家的钱，为尚在起步阶段的企业提供帮助。尤其是地方政府，其政策和行动往往是地方经济的重要引擎。从 2005 年开始，政府的钱以股权的方式（有的地方是以融资担保的形式介入，这里不做详细讨论）进入了私营企业。这种情况下，企业如果后续成功上市，按照 2009 年的办法，则必须把 IPO 发行股份的 10% 划拨给社保基金，由于 IPO 往往是政府投资基金重要的退出通道，这也意味着政府大部分（甚至所有）的投资和收益都会在上市敲钟时被拿去为社保养老金提供“爱的供养”。辛苦蛰伏这么多年，最终的结果只是为退休人群提供养老金？这听上去让人有点无法接受。所以，划转国有资本充实养老金，要先明确什么样的国有资本适合划转为养老金，划转的主体应当是什么，是不是只要有国资介入的企业都需要参与划转。

最终，财政部在 2010 年发布了《财政部关于豁免国有创业投资机构和国有创业投资引导基金国有股转持义务有关问题的通知》，算是对该政策进行了完善和修改[①]。2017 年《划转部分国有资本充实社保基金实施方案》出台，再次明确划转主体为国有及国有控股大中型企业、金融机构[②]，国有及国有控制，为划转的底层逻辑定了调子。

明确主体只是第一步，国有企业可以分为中央和地方两个层面。

---

① 符合条件的国有创投机构和国有创投引导基金，可在 IPO 时申请豁免国有股转持义务。该文件已在 2015 年废止。

② 公益类企业、文化企业、政策性和开发性金融机构以及国务院另有规定的除外。

中国的问题，地方层面往往错综复杂，需要更多考量；中央层面则相对清晰，所以往往走在前面。2018 年，除 PICC 以外，还有 18 家央企启动了股权划转，总规模高达 750 亿元。截至 2020 年年底，中央层面划转部分国有资本充实社保基金工作已全面完成，共划转 93 家中央企业和金融机构的国有资本，总额 1.68 万亿元。

地方国企步伐稍慢，但也在进行中。地方国企是财政的重要收入来源，划转国有资本充实养老金意味着专款专用。财政需要花钱的地方很多，医疗、教育、卫生，这么多民生工程，到处都是需要花钱的地方，所以必然需要花点时间算算账，这也是可以理解的。不仅如此，在划转的过程中还要处理很多历史旧账。比如个别地方国有企业还未完成公司制改革，以划转股权为契机，还可以倒逼体制机制改革的进度和效率。

上述表述只是庞杂现实的一个缩影，但足以说明划转这件事并不是喊喊口号、发发文件就能轻松实现的。这也是为什么口号喊了十多年，直到 2017 年，划转国有股权这件事才算有了点眉目。

但划转只是开始，每个国企员工都要打起精神，企业效益的好坏直接关乎国人养老金的钱袋子。尤其是随着经济进入新常态，市场竞争日趋激烈，即使庞大如央企、国企，也面临日益激烈的行业竞争，在这个背景下，每年还要保证收入和利润，以完成财政部和地方政府下达的任务，这绝非易事。有观点认为，国有资本在完成划转后，股权分红率应和养老金的年化给付提标率做到合理匹配，如分红达不到一定标准，则社保养老金的相应缺口还会增加[①]。甚至有分析指出，考虑到社保统筹方面的缺口和“个人账户”的空账缺口，10% 的划转比例有些偏低，力度有限。

预测可以审慎，行动必须有力，无论如何，国有企业划转，算是完成阶段性目标了。但你有没有想过，国有企业股权划转，划给谁呢？下一章将会隆重介绍中国未来 30 年最重要的金融机构之一：全国社保基金理事会。

① 见新华网文章《楼继伟：我国基本养老保险的替代率逐步下降》。

2.3 社保基金理事会，拜托啦！

> “社保基金理事会成立的初衷，是通过专业至上、统筹管理的方式，汇集各地区的养老金储备和中央财政拨款，交由专业人士打理。”

北京西城区金融大街长 2.1 千米，中国人民银行、中国银保监会、中国证监会沿金融大街贯穿南北，众多知名金融机构的总部错落其间，共同构成一幅中国金融业的底层图景。金融大街正东方向的大街名为太平桥大街，名气不大，偏安一隅，从不追求主角光环。本节的主角——全国社会保障基金理事会（以下简称“社保基金理事会”），就坐落于太平桥大街。

2000 年成立的社保基金理事会，是为了应对老龄化背景下养老金不足而成立的投资机构。历任理事长大多由上任财政部部长担任，从级别和规格上可见一斑。虽然它听上去只是一个理事会，但它的工作涉及多个部门的横向沟通，也涉及中央和地方的协调安排，这种纵横交错的矩阵式运营机制，挑战性极大。

钱从哪儿来？

社保基金理事会管理的养老金有两个主要来源，一是全国各地的社保养老金结余，二是中央财政对养老金账户的拨款①。

社保基金理事会成立的初衷，是通过专业至上、统筹管理的方式，汇集各地区的养老金储备和中央财政拨款，交由专业人士打理。但起初，地方省份社保养老金结余基本收不上来。

打个比方，上大学时，大家每个月都要花不少钱点外卖，越点越穷。但你曾经在外卖平台实习过，非常了解外卖 App 的各种优惠和打折规则。于是你设立了“外卖基金”，希望把全班同学每个月点外卖的钱（比如人均 500 元）汇集起来，这样就可以去和商家谈判，争取一个更好的折扣，造福大家。但现实很残酷，没多少同学理你，大家都觉得自己能管好这笔钱，不用你操心。这时候，班级财务委员说：“咱们有班费，班费本就是‘取之于民用之于民’嘛。这样，先用班费支持你一下，反正你也是为了全班人谋福利。”于是你的外卖基金基本靠班费支撑，规模一直不大。

这里的班费就类似于财政补贴，在社保基金理事会筹建初期，在各地养老金未及时划拨的情况下，中央靠自己的拨款一点点做大了社保基金。2016 年，社保基金理事会的管理规模约为 1.9 万亿元。其中财政拨款为 1.6 万亿元，真正来自养老金参保人员的真金白银只有

---

① 其中包含了一小部分山东省职工养老保险的结余，该结余和中央拨款同属于社保基金的自有权益。

3000多亿元，不到20%。

2017年，僵局打破。这一年，北京、上海、河南等8个地区，决定委托社保基金理事会打理各自的养老金结余。截至2021年6月末，全国31个省、自治区、直辖市与社保基金理事会签署了《基本养老保险基金委托投资合同》，签约规模达1.25万亿元，到账金额1.09万亿元。[①] 终于，班上的同学认可了你的能力，愿意让你来打理外卖钱了。

到这里，我们可以把社保基金理事会管理的钱分为两类。一类是各省份的社保养老金结余，这些钱不属于理事会，仅仅由理事会代为投资，属于受托资产；另一类是中央财政的各项拨款，这些钱属于理事会，属于自有资产。

2020年社保基金理事会的年度报告[②] 显示，目前社保基金理事会受托资产约1.4万亿元，自有资产约2.6万亿元，近4万亿元的规模，可以在社保养老金遇到困难时伸出援手。

除了打理养老金，社保基金理事会还得管理央企划转来的股权。

上一节我们说了，总额1.68万亿元的93家中央企业和金融机构的国有资本已经完成划转，这些股权产生的分红、收益都由社保基金理事会决定。但和央企不同，各地方国企的股权划转并不交给社保基金理事会，而是由各地财政厅（局）及其下辖的资本投资公

---

① 见社保基金理事会于2021年8月3日发布的消息《基本养老保险基金受托管理工作稳步开展》。

② 见《2020年全国社会保障基金理事会社保基金年度报告》《全国社会保障基金理事会基本养老保险基金受托运营年度报告（2020年度）》。

司直接管理。

投资要兼顾安全性和流动性

如果由你来运作社保基金，你最关注的是什么？我的答案是：安全。毕竟这可是中国人的养老钱啊。

《全国社会保障基金投资管理暂行办法》（以下简称《暂行办法》）的第一章第三条就明确规定："社保基金投资运作的基本原则是，在保证基金资产安全性、流动性的前提下，实现基金资产的增值。"

追求安全可不是随便喊喊口号就行的，社保基金理事会对自有资产的投资方式设置了明确的规则，根据不同资产类别，划定不同投资比例，确保收益持续稳健，避免较大的回撤和波动。《暂行办法》明确规定，自有资产的投资需满足以下要求：

（一）银行存款和国债投资的比例不得低于50%。其中，银行存款的比例不得低于10%。在一家银行的存款不得高于社保基金银行存款总额的50%。

（二）企业债、金融债投资的比例不得高于10%。

（三）证券投资基金、股票投资的比例不得高于40%。

高风险的股票和权益类资产，永远不会超过40%。对于受托资产（地方省份的社保养老金结余），与股票相关的投资比例要下降到30%，投资风格更加审慎。

除此之外，不管是自有资金还是受托资金，只要当年产生了投资收益，都要划拨一定比例注入风险准备金，专项用于弥补养老基金投资发生的亏损。投资赚点钱不容易，一定记得见好就收。

之所以有这样强烈的认知，是因为历史上出现过惨痛的教训。

2001—2007 年，全球养老基金经历了前所未有的大发展，资产规模从 16.9 万亿美元飙升至 31.4 万亿美元，增长 86%，几乎翻了 1 倍。大规模增长的原因主要有两个：一是各国充分意识到全球老龄化危机的到来（中国的社保基金理事会就是成立于 2000 年的），增加了养老金的筹资规模，尤其是第二、第三支柱养老金规模增长最为明显；二是 2001 年美股及全球市场的泡沫破裂后，资本市场从底部逐步爬升，养老基金享受到了长达六七年的红利期，俗称“赶上了好时候”，于是投资收益也在一定程度上壮大了养老金规模。

但天有不测风云，2008 年金融危机爆发，以美国、加拿大、澳大利亚等国家为代表的养老基金遭受重创，亏损超过 20%，养老基金规模被打回到 2005 年时的水平，相当于三年白忙活。

听到这些信息，你可能没什么感觉，接下来我们来做个游戏。假设这个世界有两个“你”，一个叫大 A，一个叫小 a。大 A 的退休年龄是 2009 年，小 a 的退休年龄是 2019 年。当 2008 年那场金融危机发生后，大 A 和小 a 谁更惨？显然是大 A。

复盘历史的时候我们会发现，一旦遭遇金融危机等极端风险事件，即将退休的职工受到的冲击最为剧烈。攒了一辈子，积累时间最长，养老储蓄规模也比年轻人大，最终他们的绝对损失额也是最大的。而且临近退休人群的提取基金时间临近，没有足够时间等待资产价格恢复到危机前的水平，这些即将退休的人将损失一大笔终身养老储蓄。金融危机对这些人的影响是长期的，影响程度也是最严重的。

对于年轻职工来说，储蓄养老基金的时间较短，储蓄规模有限，绝对损失额相对较小，加之距离退休还有很长时间，可以等待资产价格恢复到危机前的水平。因此，金融危机对年轻人群的影响可能是暂时的，他们还有“回血”的机会。

但作为社保基金理事会的运作者，你关注的是全体国民的利益，要时刻牢记风险意识。

除了安全性，流动性也很重要。20 多年前成立社保基金的初衷，就是应对老龄化趋势下社保养老金的大额消耗。什么时候需要它派上用场？不知道，所以“时刻准备着”是社保基金理事会必须给出的答案。

2020 年新冠肺炎疫情暴发，就如同一个人突然遇到了资金周转问题，于是社保基金理事会紧急拨出了 500 亿元，解了燃眉之急。这是社保基金理事会的首次登台，后续它的身影一定会越来越多地出现在国人养老金的舞台上。

03

你有养老三大支柱吗？

3.1 “打工人”，你有第二支柱吗？

> 第二支柱养老金，也叫‘打工人’养老金。第二支柱主要有两种：一种是职业年金，主要面向机关事业单位；一种是企业年金，主要面向各类公司和企业。

大学毕业后，张三去了一家央企，待遇还行，福利也不错；李四去了风头正盛的头部民企，工资高出不少。10 年后的今天，李四跳了三次槽，薪资没有明显变化，张三却惊讶地发现，自己不经意间攒了一份 20 万元的企业年金，有一种天降横财的感觉。

不幸的企业各有各的不幸，但幸福的企业都很相似：为员工攒养老金。今天我们就来聊聊“打工人”专属的养老金，也被称作第二支柱。

第二支柱：“打工人”养老金

第二支柱养老金，也叫“打工人”养老金。第二支柱主要有两种：一种是职业年金，主要面向机关事业单位；一种是企业年金，主要面向各类公司和企业。

第二支柱	职业养老金	
分类	职业年金	企业年金
释义	面向机关事业单位的补充养老金制度，由财政供款，单位缴纳 8%，个人缴纳 4%	面向企业的补充养老金制度，企业不分大小，自行供款，企业缴纳上限 8%，个人缴纳上限 4%

企业年金和职业年金，名字有点绕，如何区分？有个简单粗暴的小窍门：职业年金来自体制内，为人民服务是一辈子的职业，所以叫职业年金；企业年金来自体制外，这份福利还得看老板脸色，商业气息浓郁，所以就叫企业年金。

既然面向体制内，那么职业年金就和国家及地方财政紧紧挂钩；既然面向体制外的市场化环境，那么企业年金就和企业经营效益紧紧挂钩。这个认知非常重要，后续我们还会提到。

和第一支柱类似，第二支柱也是以单位出钱为主、员工出钱为辅，对第一支柱起锦上添花的作用。为什么说它是锦上添花呢？社保养老金的缴纳比例通常为单位占 16%～20%，个人占 8%。而第二支柱中，职业年金的缴费比例是固定的，单位 8%、个人 4%。企业年金的缴费比例只规定了上限，只要不超过上限，爱交多少交多少。效益好的企业一般是公司 8%、个人 2%；效益一般的企业可以是公司 5%，个人不交钱。所以从工资占比来看，第二支柱往往连第一支柱的一半都不到。

以本节开头的张三为例，简单算一笔账。张三月薪 20000 元，社保养老金每个月为 4800 元，企业年金每个月为 2000 元。高低对比，一目了然。

不是所有“打工人”，都有第二支柱

张三在工作 10 年间攒了 20 万元的第二支柱养老金，让人羡慕。全国像张三这样拥有第二支柱的打工人，有 7000 多万人。其中机关事业单位总群体为 4000 多万人，企业年金参保人数近 3000 万[①]。

7000 万多吗？看似很多，实则很少。且不说全国总人口（14 亿这个数字并不具有可比性），单说参加城镇职工养老保险的群体的人数，就高达 4.6 亿。请注意，城镇职工养老保险的参保人，其实就是有单位、有公司的“打工人”，既然都是“打工人”，为什么只有 15% 的人拥有第二支柱呢？因为不是每个单位或企业都有能力且愿意交这笔钱。

职业年金就不说了，本身只面向机关事业单位，这类群体的规模相对固定，覆盖人群规模不会有明显变动。我们主要来看看企业年金。

企业年金面向的企业可以是国企，可以是私企，也可以是外企，但无论何种企业性质，都属于经营效益不错的企业。如果一个企业本

① 数据源自人社部公布的《2020 年度人力资源和社会保障事业发展统计公报》。

身就囊中羞涩，谈何为员工补充养老金呢？政府都明确地说了，企业如果要建立企业年金：第一，要依法参加基本养老保险并履行缴费义务，第二，要具备相应的经济负担能力。

除了有钱，还得有担当。企业老板要有担当，愿意为员工短期内看不见、摸不着的养老金，愿意为员工的养老——这件短期内看不见、摸不着的事——投入真金白银。何况企业年金不是强制性的，我国企业年金的法理基础来自《企业年金办法》，这是由人社部和财政部颁布的行政规章，法律地位远远低于全国人大常委会颁布的《中华人民共和国社会保险法》。说白了，不交社保是违法的，不交企业年金，这只是一种选择，无关对错。

总之，第二支柱的覆盖面区区几千万人，和近 5 亿的“打工人”

比起来，规模还有待提高。这还没算实为“打工人”，但所在企业连社保都不交的群体。

你的钱，到底交给谁了？

如果你有第二支柱，除了祝贺你，我还想问问你：单位和自己交的这些钱，到底交给谁了？答案是：符合资质的金融企业。

不管是职业年金还是企业年金，都会委托金融企业进行投资，在安全审慎的前提下，确保养老资产保值、增值。

举个例子，你们公司有上万名员工，公司希望解决广大员工的午餐问题，但精力有限，于是成立了“员工午餐项目组”，由张三负责此事。张三联系了市面上几家后勤服务公司，这些公司拥有市监局批准的后勤外包服务许可证，而且对市场上的主流餐饮公司非常熟悉。经过招投标，3 家后勤服务公司成功获选。经过沟通讨论，后勤服务公司又找到了 6 家餐饮公司。这 6 家餐饮公司详细调研了近万名员工的口味，确立了川菜为主、粤菜和东北菜为辅的午餐配餐模式。最后这 6 家餐饮公司从市面上总共找了 10 个厨师团队，负责这上万名员工的午餐。

筹备个午餐尚且如此费劲，何况关乎退休利益的养老金投资呢。在第二支柱的委托投资中，同样有四个角色。

年金受托人：类似于后勤服务公司。

账户管理人：类似于餐饮公司。

账户托管人：类似于督察大队，确保食材安全存放，不会被员工偷偷带回家中中饱私囊。

投资管理人：类似于厨师团队，有的擅长川菜，有的擅长粤菜。

受托人负责养老金的整体运作，为最终结果负责。目前国内拿到受托人资格的共有 12 家金融机构[①]，其中养老保险公司 6 家、银行 4 家、信托 1 家、养老金公司 1 家。

受托人在养老金的保值、增值中发挥着核心作用，一方面要筛选靠谱的账户管理人（餐饮公司）和投资管理人（厨师团队），另一方面也要对挑选的机构定期评比，确保优胜劣汰。

在筛选账户管理人和投资管理人的过程中，受托人有时候也会直接推荐使用自己的"亲儿子"——受托人可以设立专业团队直接管理账户并负责资金的投资，就像后勤服务公司可以设立餐饮子公司一样。需要注意的是，你可以这么做，但在定期评价时，终究还是要靠实力说话的。如果"亲儿子"表现垫底，场面会非常尴尬。

对了，除了年金受托人、账户管理人、投资管理人之外，还有账户托管人。这个角色看似特殊，其实就是接受资金托管的银行。银行收好所有员工的第二支柱，但不参与具体的投资决策，只是确保资金安全、合理使用即可。目前获得第二支柱托管资格的银行共有 10 家，都是规模靠前的大型银行。

受托人拿到钱，通过管理人进行投资，实现资金的保值、增值。

---

① 见《人力资源社会保障部关于企业年金基金管理机构资格延续的通告》（人社部函［2021］139 号）。

那管理人能随便投吗？假设管理人喜欢打腾讯的游戏，也真心觉得腾讯这家公司潜力无限，于是把养老金全买了腾讯的港股股票，可以这样做吗？绝对不行。

不管是职业年金还是企业年金，投资股票相关的资产（股票、股票基金、混合基金等）都不得高于投资资产净值的 40%。除此之外，还得拨出 5% 以上的钱作为活钱，活钱的意思是银行活期存款、中央银行票据、债券回购等流动性产品以及货币基金。

说白了，你想炒股？可以，最多用四成的钱，而且必须留至少 5% 的钱作为现金。这让我想起了工作刚满一年时，我和老婆合力攒了 5 万块钱。那时候我按捺不住想炒股，被老婆浇了一盆冷水，并送上一句“家律”：炒股可以，最多拿 1 万元去炒，剩下的买靠谱的稳健理财。这件事告诉我们，当你有狂野思想的时候，祖国和家人会及时把你拉回到现实之中。

既然如此，那大部分的钱都用来干吗了？都用来买固定收益类产品了，比如定期存款、协议存款、国债、金融债、企业（公司）债、短期融资券、中期票据等。简单来说，第二支柱的烹饪手法，属于安全至上型，要符合“大众口味”，甜咸适中，不能太辣。

小公司能参加企业年金吗？

说了这么多，总感觉有企业年金的都是财大气粗的大公司。如果我是一名老板，公司效益不错但员工不多，也能参加企业年金吗？当然可以。

还是拿吃饭举例子。大公司带着一箱子钞票走进餐厅，餐厅老板必然笑脸相迎，专门安排一个 10 人包间，后厨专门准备十菜一汤。这一桌子菜就属于单一计划，即针对单个企业设立的养老金管理账户，这笔钱必须足够大，大到可以在不同资产之间进行配置。

但如果是小公司，就有些尴尬了。如果你只有几百位员工，就算每人每年平均积累 1 万元，全年新增的年金规模也就几百万而已，那餐厅老板实在没法专门辟出一张桌子给你。算上管理费、托管费等收入，1000 万元的资金只能赚十几万元，于是餐厅老板想到了一个好办法：集合计划。

你和其他几家公司凑在一桌吃饭，一起加入这项集合计划。虽然你们每个公司只有一两千万元的资金，但加起来资金规模轻松破亿，一方面你能赚到钱，另一方面你在投资时也能游刃有余。

除了单一计划和集合计划这两种方式，养老金产品的出现，也给企业提供了更多选择。

看到这儿你可能有些晕头转向了。一会儿企业年金，一会儿企业年金基金，现在又来了个什么养老金产品，怎么感觉你在玩“圆环套圆环”的绕口令游戏呢？我们先来捋一捋这里的逻辑概念。

企业年金和职业年金，这是一种制度；企业年金基金和职业年金基金，是基于制度形成的资金积累，重点在“基金”二字；养老金产品，是运用养老基金去购买的一种金融产品，重点在“产品”二字。搞懂这些看似复杂的概念后，我们可以简单地把养老金产品看作一种由厨师团队打造的标准化的餐食[①]，就像自热锅一样——加点水，等上10分钟，就能吃上味道不错的重庆毛肚火锅。

有了养老金产品，受托人就可以直接按委托人的需求“采购”产品了，就像我们在网上买公募基金或者保险产品一样。这种“去投资组合化”的方式有利于简化年金基金的投资流程，提升投资效率。2014—2019年的6年间，养老金产品的投资收益率高于企业年金行业平均收益率的年份共有4年。换句话说，食客普遍反映：自热锅比饭店做的火锅还要好吃，而且还省心。事实上，政府也鼓励小企业在规划员工企业年金时，优先考虑直接投资养老金产品。[②]

好了，聊完第二支柱的前生今世，我们来聊聊第二支柱的一些烦心事。

① “餐饮标准化”本身是一个中性词，但必然会被有些美食家嗤之以鼻，希望这种价值观不要影响到大家对于养老金产品的认知和判断。

② 见人社部2013年发布的《关于企业年金养老金产品有关问题的通知》。

3.2 第二支柱，也有忧伤

> 第二支柱也是单位和企业提供的一种福利，因此，员工离职自然也会影响到这份福利。

如果要列举第二支柱的好处，我可以说出不少。

比如，强制储蓄。虽然只占工资的 1/10 左右，但一年下来相当于多发了一个月工资，积少成多，等退休时也不是一笔小数目。一份储蓄带来的安心和满足感，是可以实打实被感受到的。

再如，少交个税。不管是职业年金还是企业年金，个人缴费部分都可以在税前扣除。举个例子，张三的月薪是 15000 元，假设每月缴纳 300 元（工资的 2%）的企业年金，这 300 元就可以从当月应纳税收入中扣除，简单计算一下，每个月能少交 30 元左右的个人所得税。

对了，这里需要注意的是，所谓的“少交”其实是一种递延，只是你暂时不需要缴纳个税了，等到退休后开始领取时，企业年金养老金仍需按照“个人工资薪金所得”计算个税。税费规则也在不断调整，领取时到底要交多少个税，目前也无法完全确定。

说了这么多优点，那目前咱们国家的第二支柱有没有什么瑕疵或问题呢？从实事求是的态度出发，当然有。第二支柱目前存在的问题主要有三点：颠簸的职业、拧巴的期限、尴尬的记账。

离职可能带不走

请注意：如果你想获得单位或公司提供的第二支柱，你必须是它的员工。

这个看似人人都懂的道理，背后却包含着一个绕不开的问题：在一个就业选择越来越多、职业变化越来越快的时代，一旦离职，你的第二支柱会受到影响吗？

我在《你的第一本保险指南》这本书里就专门辟出一节，详细科普了企业团体补充保险。那本书的写作时间是 2017 年，正值大众创业、万众创新时期，我经常能听到身边的朋友辞职创业的故事，不管事后成功与否，他们在选择更广阔的人生天地的同时，也抛弃了原有企业和单位所提供的福利。

团体补充保险就是一个生动的案例。团体补充保险是企业为员工投保的商业保险，通常由短期重疾险、医疗险、意外险构成，通过类似于“团购”的模式让员工在国家医保之上获得了更全面的风险保障。随着员工的离职、劳动合同的解除，这一福利便自动消失。但许多人并没有意识到这件事的严重性。

有时候最糟糕的不是失去，而是失去后再也找不回来。由于重疾险和医疗险等产品往往需要被保险人符合一定程度的健康标准——比如不能有肺结节，不能有较严重的乳腺结节——所以当你希望重新为自己单独投保一份保险产品时，可能发现根本无法通过健康告知环节，那时的你年龄更大、对风险保障的需求更迫切，于是，一切都变得糟糕了。

第二支柱也是单位和企业提供的一种福利，因此，员工离职自然也会影响到这份福利。

企业年金通常分为企业缴费和个人缴费，企业缴费占比高，个人缴费占比少。从字面来看，我们是不是可以简单理解为：个人缴费属于员工，而企业缴费不一定属于员工呢？确实如此。

《企业年金办法》明确规定："职工企业年金个人账户中个人缴费及其投资收益自始归属于职工个人。职工企业年金个人账户中企业缴费及其投资收益，企业可以与职工一方约定其自始归属于职工个人，也可以约定随着职工在本企业工作年限的增加逐步归属于职工个人。"从实务来看，并没有一个放之四海而皆准的统一标准。

举个案例，你可能更容易理解。

企业年金所有权制度规则（真实案例摘要）

权益归属核算时点	N	归属比例
职工与本单位解除劳动合同	N < 5 年	0%
	5 年≤ N < 8 年	60%
	N ≥ 8 年	100%

续表

企业年金方案终止		100%
达到法定退休年龄、完全丧失劳动能力或者死亡		
非因职工过错企业解除劳动合同，或者因企业违反法律规定职工解除劳动合同		
劳动合同期满，由于企业原因不再续签劳动合同		
组织安排调动或公司安排内部调动的		
其他特殊情况	1. 严重违反劳动合同约定或企业规章制度，被本单位依法解除劳动关系的； 2. 被依法追究刑事责任的。	0%
备注：N 是指在本单位的工作年限。上述特殊情况中企业缴费 0% 归属于职工的仅限于 N < 5。		

这是某家单位的企业年金制度规则。看完表格，我们可以得出以下几个结论：不满 5 年离职，无法获得单位缴费部分及其投资收益；满 5 年但不满 8 年，可以带走 60%；满 8 年，算是老员工了，那么可以带走 100%。

看到这里，如果你也有企业年金，建议尽快问清楚这几个问题：公司和个人缴费的比例是多少？公司对于离职人员是如何分配企业年金的？当然，这些问题比较敏感，而人力资源部又往往都是“人精”，所以记得想好话术，提前打磨沟通技巧，毕竟只是想了解一些客观信息而已，不要闹出误会乃至闹得满城风雨。

还有一种极端情况，我在上一节提到过。效益好的企业往往采用公司 8%、个人 2% 的缴费比例，而效益一般的企业则会选择企业交 5%（甚至更低），员工无须承担。猛地一看这是好事——毕竟工资条上少了一个扣除项，但倘若你干个三五年就离职了，所谓的企业年金对你没有任何意义——因为个人缴费为 0，公司缴费部分由于工作年限未到也没有归属权。回想起来，企业年金说不定还曾经是你在选择这家公司时所心心念念的好处呢。

和企业年金相比，职业年金更加人性化。只要你的下家依然有职业年金或者企业年金，那你可以把职业年金里的个人缴费部分平移过去，不会白交。如果你从事业单位跳槽到有企业年金的国企、央企，这一条规定一定能帮到你。

两年前，我的一位大学同学找我喝酒，微醺的他说："看在有企业年金的分上，我先不离职了。"我说，我帮你算笔账吧。

我们假设一下你在现在这个央企的发展路径。企业年金按公司 6%、个人 2% 计算，看看到底能攒出多少企业年金。你在 25 岁到 35 岁是普通员工，假设平均月薪是 15000 元，则这 10 年每年攒 14400 元；35 岁到 45 岁是处长，假设平均月薪是 4 万元，则这 10 年每年攒

38400 元；46 岁到 60 岁是部门领导，假设平均月薪是 6 万元，则每年攒 57600 元。

说白了，如果你能保证即使离开这个公司，自己也能参照这个标准积累自己的养老金，那企业年金这个东西其实就没什么厉害的。你发现没有，当我们对自己珍惜的员工福利进行量化分析，原本高高在上的东西竟走下神坛了。

你留下来，也别觉得占便宜了。从员工到处长，再到部门领导甚至管理层，都是靠实干精神砸出来的，你本身就值这个钱。如果你把这个精力放在体制外，只要放对了地方，对个人产生的收益是远大于现在的。你可以实现交足国家的，无须留够集体的，剩下的都是自己的。

所以，并不存在你从制度中套利的可能。还是那句话，到底要不要离开你所在的央企，这个问题，只有你自己能回答。

投资期限很尴尬

企业年金和职业年金都是长期养老资金，锁定时间长达二三十年，甚至更久。当你拥有期限优势时，按理说可以收获两大好处：第一，锁定当下利率环境下的保证收益，无须担心未来利率下行，比如，把一部分养老资金锁定在 3.5% 的利率，相当于为所有的养老资金提供了兜底的收益；第二，长期持有权益类资产，淡化短期涨跌的影响，以期获得潜在的更高收益。然而，知易行难。道理人人都懂，但企业年金的投资思路，不是你能决定的。

企业年金池子里的钱不属于你一个人，它属于全公司、全单位的同事们。对于 30 岁的员工来说，他们当然可以接受长期投资，哪怕 40 岁时遭遇亏损，也不用担心，毕竟还有 20 年才退休。但对于 50 岁的人来说，他们的风险承受能力要低得多。一旦学会换位思考，你就不得不接受一个现实：

第二支柱的本质，是做出一道人人都能吃的菜。确保绝对安全是第一位的，保证一部分充足的流动性是第二位的（每年都有人退休），最后才是锁定安全收益、博取超额收益。你的期限和我的期限不是同一个期限，咱俩的期限有点拧巴。

为了尽可能多地让更多员工满意，征求最大范围的理解和认同，第二支柱倾向于建立“赛马机制”。企业或单位会同时委托多个金融机构进行投资，彼此竞争，定期考核。在考核压力下，投资人更看重的是当年绝对收益的排名情况，说白了，我给你科普什么长期投资理念也没啥用，安安心心把今年的收益率做得比其他人更高就行了。于是这也反向决定了其投资风格，形成了重交易、轻配置的局面。尤其是债券，占比较高，且周期较短，在长期的低利率环境下，收益将显著承压。特别是在新冠肺炎疫情导致全球央行货币政策大幅宽松的背景下，较长时间的低利率环境导致债券和非标产品收益率显著下降，这一趋势将更加明显。

总之，第二支柱不是一道简单的算术题，而是考卷里最后那道综合分析大题。

历史包袱很沉重

刚才我们提到的两个问题，说到底无非“离职可能带不走”和“投资模式待优化”，第三个问题其实更加棘手，让人颇有点巧妇难为无米之炊的感觉。

和企业年金相比，职业年金存在一个非常非常麻烦的问题：记账运行。

什么意思呢？就是说有些职业年金的账户上其实并没有钱，只有数字。举个例子，张三月收入 8000 元，职业年金中单位交 640 元（8%），个人交 320 元（4%）。但由于地方财政压力，单位的 640 元可能实际并没有支出，而是仅仅记在账上而已。

为什么没钱呢？2015 年，机关事业单位在推行基本养老金改革的同时，启动了职业年金。上一节提到，职业年金和国家及地方财政紧紧挂钩，彼时由于各地财政情况不同，部分地区短期内无力承担，最终做出决定：对财政全额拨款单位的职业年金，单位缴费部分只记账、不实缴。

以人均地方财政收入作为衡量指标，甘肃只有上海的 1/10，欠发达地区本身还处在“吃财政饭”阶段，想从牙缝里挤出职业年金基金账户，这确实很难实现。

不管怎样，今日欠的粮，日后需补偿。不仅如此，在虚实结合的账户管理模式下，实账获得多少投资收益，虚账也要获得对等的收益，从而推高虚账的应缴规模。假设实账金额为 1 亿元，虚账金额为 2 亿元，今年实账产生了 4% 的投资收益，那么意味着另外 2 亿元也要产生 4% 的收益。这部分收益依然要记在账上，实际投资收益率越高（这本来是好事），空账后续需要弥补的“亏空”也就越高。

推高空账潜在欠账总额的因素除了复利，还有工资上涨。张三从员工升为处长，月工资从 8000 元变为 14000 元，单位缴纳的比例也相应地增加了——投资收益叠加收入增长，两件本应让人幸福的事却变成了“烦恼”。

尚未退休的人还没到领钱的时候，所以可以通过记账运行来维持体面的局面。但已经退休的人该怎么办呢？最终，还是要靠财政补贴。

2020 年，机关事业单位职工养老保险获得的财政补贴为 5448.4 亿元[①]，仅比职工养老金的财政补贴少了 800 亿元。但要知道机关事业单位职工养老保险不过只是三四千万机关事业单位职工的养老钱，其人数不足职工养老金覆盖人数（4 亿多）的 1/10，补贴额却相差不大，这足以说明机关事业单位职工养老保险对财政补贴的依赖度远高于职工养老金，没有财政补贴，机关事业单位当前的职业年金发放必然是无水之源。

机关事业单位职工养老保险难以与财政脱钩的主要原因在于过渡养老金的计算办法。2014 年机关事业单位养老保险制度改革前入职且尚未退休人群的养老保险采取补低限高的规则，实际发放待遇远高于收缴；而改革前已退休人群仍直接依靠财政拨付来领取养老金。因此，虽然养老金名义上将在 2024 年结束过渡期，实现企事业单位职

---

① 见财新网文章《林采宜：各地社保缺口究竟有多大》。

工完全并轨，但实际上改革前入编职工的养老待遇构成的支出存量，仍然需要财政兜底。

当然，不管是补贴还是记账，都并非长久之计。目前一些财政收入发达的地区（如浙江、广东、上海等）已逐步采用实账模式，此外，结合2016—2018年各级财政对“机关事业单位职业年金缴费支出”项的分析，实账运行比例每年逐步增高。当下的方法只不过是职业年金基于现实所选择的最佳平衡方案。

第二支柱带来的思考

规划养老金，最重要的一个原则就是“有比没有好”。平心而论，刚才所说的三个问题，其实也算不上“大问题”，读者朋友大可将其视作鸡蛋里挑骨头。要知道，全国有第二支柱的人，加起来人数才7000多万，和大多数没有第二支柱的人比起来，这7000多万人面对的其实都是幸福的烦恼。我经常说，只要你有职业养老金，你就已经是十里挑一的了。之所以专门辟出一章详述第二支柱的瑕疵，有两个初衷。

第一，如果你有第二支柱，你可以了解清楚几个核心问题。比如是否空账，离职如何处理，受托人和管理人的投资成绩如何。置身事外看自己的第二支柱，也许会更加清晰。

第二，如果你没有第二支柱，不必气馁，你可以借鉴第二支柱的底层逻辑和方法论，建立属于你的第三支柱。比如，要不要配置一些权益类资产，哪怕波动更大，甚至短期（两三年）内净值为负。再比如，要不要配置一些领取金额确定、跨越牛熊周期的固定收益终身年金。对于第二支柱的资产投向，你没有决定权，但第三支柱完全取决于你。

那么第三支柱到底如何建立？我们在下一节进入正题。

延伸阅读

中国人寿 PK 万科，你选哪个？

一千个人眼中有一千个哈姆雷特，企业年金说到底也是一个任人打扮的小姑娘，不同的人看她的角度都不同。从人力资源的角度来说，企业年金说到底只是一种激励手段，但吸引人才、留住人才不见得非要用企业年金这个方式。

中国人寿和万科地产都是内地上市公司，两家公司的财报显示，国寿为员工提供了企业年金福利，2020 年全年职工薪酬 172 亿元，社保等福利支出 60 亿元，其中包含了 10 亿元左右的企业年金缴费。[①] 与之相比，另一家行业巨头万科地产则没有企业年金计划。但万科设立了名为“经济利润奖金”的奖励方案，针对管理团队和业务骨干，按年度经济利润的 10% 来计提奖金，

① 见中国人寿 2020 年度报告。虽然考虑到企业年金的计提方法有其特殊性，财务报告的占比并不能真实反映其员工的福利薪酬结构，但这一金额在金融行业内也属于较高水平。

按照多劳多得的原则分配给大家。

企业经营模式和所处行业的竞争格局潜移默化地影响着企业的员工福利政策。我们可以“拍脑袋”地认为，国寿作为一家掌舵长期资金的金融巨头，注重人才队伍的稳健，央企的性质也要求其员工福利政策应着重避免收入差距过大；与之不同，万科作为一家鏖战房地产市场的狼性房企，更注重人才的魄力和相对应的短期激励，能者多劳、拉开差距，是市场激烈竞争传导之下的必然结果。

3.3 从今天起，建立你的第三支柱

> “有条件的话，不妨‘自私’一点。建立第三支柱（个人养老金），也就是从零搭建‘养老小金库’，让养老收入百分之百地受自己掌控，免受外部不确定因素的影响。”

如何衡量一份养老资产的价值？安全至上，目的明确，收益稳健，坚持这三大原则并坚持执行，你一定会有正向收获。

有条件的话，不妨“自私”一点。建立第三支柱（个人养老金），也就是从零搭建“养老小金库”，让养老收入百分之百地受自己掌控，免受外部不确定因素的影响。

面对养老危机，世界银行（World Bank Group）在 1994 年提出了第三支柱养老金模式。正是从那时起，全球各国政府慢慢形成了共识：建立政府、企业、个人三方共同参与的养老金体系，是全球应对老龄化挑战的最大前提。对个人来说，拓展养老收入的多样性，不要让自己的后半生完全仰仗单一制度，成了人生的必选题。

回顾我国养老金的发展历史，国家主导的第一支柱基本养老金是

老百姓养老金的唯一来源，本来的定位是“保基本”，最后却变成了“保全部”。参保人对第一支柱寄予过大的期望，退休时发现养老金远不及预期，但为时已晚，最宝贵的资产——时间，已经从我们的指缝间流走了。

第二支柱：我等到花儿也谢了

有些人可能会问：“我要不要等等我的单位建立第二支柱呢？”当你问出这个问题时，你是在表达一个隐含的假设：我，迟早会有第二支柱。事实真的如此吗？

现状比较尴尬——整体来看，第二支柱参保人数有限。职业年金覆盖了4000多万人，企业年金不到3000万人。第二支柱的总体覆盖面仅为7000多万人，占全国14亿人口的5%。称得上是“5%的狂欢”。那未来第二支柱的参与人数会不会大幅增加呢？

先看职业年金。机关和事业单位的职业年金本质上是由财政供款的补充养老金制度，从宏观层面来看，未来中长期时间内财政都将面临紧平衡的状态[①]。机关及事业单位已明确不再大规模扩张编制。即使在不增加人力的情况下，目前财政对编制人员供款已是“压力山大”，能维持现有群体的职业年金规模和运转已实属不易。

再看企业年金。有人说：“我去说服我老板建企业年金吧。”很遗

① 由于收支压力带来的财政处于盈亏平衡点的状态。

憾，难度太大了。2016年全国参加企业年金的人数为2300万，今天是2900万，仅仅增加了600万人。[①] 虽然国家明确鼓励企业建立企业年金第二支柱，但对此要审慎乐观。

第一，站在企业的角度，如果某一天老板忽然决定为员工缴纳企业年金，他会面对一个尴尬的问题：建立企业年金的前提是给员工缴纳社保。也就是说，如果员工连社保都没有，就别谈企业年金了，先把社保办了再说。这时老板就开始打小算盘了：为了企业年金，企业要承担社保、企业年金双重养老缴费，图什么？

第二，企业年金制度的本质是企业员工利益的分配，谁交得多，谁交得少？领导的单位缴费比例能不能比员工多一点？单位越大，利益权衡和调整的耗时越久。我见过很多企业，两年前内部热议要建立企业年金了，直到今天都还没有下文呢。

第三，假设你是老板，国家强制要求你交企业年金、不交就罚你，请问你该怎么办？OK，我照做，没问题。但与此同时，公司会做两件事：第一，压低员工工资。羊毛出在羊身上，国家让公司多交的年金，我最终会通过降低员工工资来找补回来，反正我的人力成本不能增加。你如果不服，可以走人，但你会发现，其他公司也是如此哦。第二，既然都说企业年金好，我索性玩命宣传企业年金的好处，吸引员工长期留在公司。对老板来说，没有什么比磨平员工的棱角、让员工心甘情愿待在公司更让他满意的了。

① 《全国企业年金基金业务数据摘要》显示，2022年1季度，全国企业年金参保人数为2925万人。

当你过度寄希望于企业年金时，也意味着你短期内的职业生涯被困死在一家公司了。有人会说，企业年金不是可以随着员工转移吗？是的，但前提是你的下一家单位也必须有企业年金制度。如果一个社会的大多数企业都拥有企业年金，这个问题你无须担心。但当下的现实是，中国设立企业年金的公司少之又少，当你决定离开旧公司加入新公司时，你极有可能要面临企业年金中断的风险。

总之，寄希望于老板给你设立企业年金，基本没戏。我们对于企业年金的态度应该是：如果你已经有了，请搞清楚规则，踏实缴费。如果你还没拥有，也不要奢望能拥有。求助于自己的第三支柱积累，才是更加行之有效的方式。

个人养老金制度：政府为第三支柱吹响号角

就在本书即将完稿之时，国务院颁布了个人养老金制度，社保养老金的参与者可以建立个人养老金账户，投进去的钱有机会抵扣个人所得税，获得递延或者减免的税收福利，但每月最高限额为1000元。

假设你去年税前收入20万元，今年在做个人所得税汇算清缴时，刨除可以抵税的社保基数、房贷车贷、赡养老人等开支，你的应纳税额度为115000元，这时候，你还可以将每月1000元（总计12000元）的个人养老金纳入抵扣额度，按10%的个人所得税税率计算，你少交1200元个人所得税，相当于去年你买个人养老金时，打了九折。

事实上，早在 2018 年，可以抵扣个税的第三支柱就已经迈出了第一步。

2018 年 5 月 1 日，被寄予厚望的个人税收递延型商业养老保险（下称“税延养老险”）上市。截至 2020 年年底，保费收入 4.3 亿元，参保人数为 4.8 万人。一个旨在惠及全民的养老金，为什么参与者寥寥？难道是税收激励制度不够刺激？

这里确实有历史的巧合。税延养老险上市不久后，我国进行了个人所得税改革，将免征额从每月 3500 元提高到了每月 5000 元，一下子，缴纳个税的群体大幅减少。2018 年 8 月，财政部对个税法修正做解读时称，修法后个税纳税人占城镇就业人员的比例将从 44% 降至 15%。纳税人数从 1.87 亿缩减为 0.64 亿，相当于只有 6000 多万人缴纳个税。①

别急，还没完。这 6000 多万人还可以享受到子女教育、大病医疗、继续教育、房贷利息、住房租金、赡养老人等专项扣除，算上这些贴心的减税福利，最后还需要缴纳个税的只有 5000 万人了。

我们当然可以说，减税是惠民的好政策，但这也意味着，税延养老险的卖点只对这 5000 万人才有意义。对于本来就不缴纳个税的人来说，“攒养老金能省个税”这件事和他们有什么关系？要知道，职业年金和企业年金加起来覆盖的群体有 7000 多万人，都比 5000 万人要多了。

---

① 见《财新周刊》2018 年第 35 期文章《个税改革：民众期望实现几何》。

对于本来就不交个税的人来说，缴费时没有获得税收补贴，领取时依然需要承担税收。相当于交的时候没有省钱，领的时候多花钱。对于高收入群体来说，每个月为了节省几十块钱的税费，要费尽心思地整理单据、填报资料，激励效果实在有限。总之，税延养老险制度的初心是好的，但最后的结果有些尴尬——高收入的看不上，低收入的用不到。

税收只是前菜，配置思路才是主菜

回顾美国养老金制度的历史经验可以看出，税收优惠制度是建立个人养老金的重要驱动力，少缴或者缓缴一些个人所得税，满足了人性里“爱占小便宜”的特性。人啊，有时候就是这么务实——什么要有担当啊，要未雨绸缪啊，不要寅吃卯粮啊，都不如直接奖励钞票效果好。

中国个税纳税人占总人口的比重约为13%，显著低于美国的47%，个税收入占税收总收入和GDP的比重分别为8.3%和1.45%，而美国的这两个数字分别为40.2%和10.46%。相比主要发达国家，中国个税纳税人覆盖面偏小，个税收入规模小、比重低。美国人总是喜欢把“人这辈子有两件事无论如何都逃不掉——死亡和缴税”挂在嘴边，这也源自美国税收制度的特点——我先高额征收，然后想方设法帮你找理由少缴。

除了个人所得税，资本利得税也是不能忽视的区别。在美国，炒股和公募基金等投资收益需要缴纳数额不小的资本利得税。但是，如果你出于养老的目的购买理财产品且长期持有，就可以免征或者迟征该税。美利坚人民沉浸在减税“薅羊毛”的快乐中，大洋彼岸的中国人却看得一脸蒙——因为我们实在搞不清有啥可开心的，除了印花税这个额度不多的税种，我们很少体验过炒股赚了钱还得交税的感觉。

税收制度是许多社会福利措施存在的逻辑前提。如果可以在继续鼓励老百姓获得财产性收入的同时，开征资本利得税，逐步建立“炒股赚钱要上交”的意识，也许老百姓就能意识到构建第三支柱的必要性——原来我为自己养老炒股，竟然可以获得减税的好处？既然都是炒股，不如为养老而炒。一旦为养老炒股，你就会不自觉地摒弃“炒”这个字，越来越关注长期收益，毕竟是为了养老嘛。最终，资金的长期持有便成为可能。

税收优惠最大的意义，是体现出政府的决心和事态发展的紧迫性——已经紧急到需要动用税收制度来保驾护航了，你是不是也应该打起精神来做点什么了？个人养老金制度正是如此，它的出现，不是给你提供可以抄的作业，而是希望唤起你学习的动力：朋友们，该为你的养老操心了。

个人养老金账户的税收福利，就像西餐的前菜，主要用来勾起你的食欲——它会促使你建立对养老金个人所有权的意识，同时，通过对账户领取和赎回规则的各种限制，倒逼账户所有人形成长期储蓄、强制储蓄的习惯。

当你完成这两步之后，就要着手解决如何买、买什么的问题了。而这，正是个人养老金的主菜。

3.4 第三支柱法则：黄金三角理论

> 请记住：养老金是为了服务于退休后的你而存在的。因此，退休后的你到底想要什么，是你投资时最大的考量。

累计投入 300 万元。审慎期待，静待花开。

——槽叔的个人养老金计划

离开体制内后，我开始积累个人的私有养老金。因为我断定我的养老生活，只有社保是绝对不够的。如何积累个人养老金？我基于多年的理论和实践，送给你的第一个建议是：明确需求。

很多人可能会困惑：不是直接推荐买什么产品吗？很遗憾，养老金不是简简单单买产品就能解决问题的。很多老百姓会把积累养老金简化为金融投资，最后变成了“什么来钱快就买什么”“什么不亏钱就买什么”，而且经常在不同的观念之间随机游走。这种粗暴的认知会让养老金的积累变成一种纯粹的逐利或者避险行为，没有从养老的角度考虑金融资产的配置比例和产品选择，最后和养老的初衷背道而驰。

请记住：养老金是为了服务于退休后的你而存在的。因此，退休后的你到底想要什么，是你投资时最大的考量。

退休后你最担心什么，是生病带来的高额开支吗？你的退休收入是什么类型的，是一次性坐拥一笔钱还是每个月都有收入？如果不幸身故、养老资产尚未花完，你希望如何处置这批资产？类似的问题，现在的你可能感到陌生，但你必须跨越时空，和几十年后的自己促膝长谈，看看现在的你可以做些什么，让未来的你获得更好的生活，并对现在的你写下“满意”二字。

风险准备金：开源之前，先要节流

个人养老金的本质是通过配置长期金融资产，先节流，再开源。开源很好理解，无非增加收入，那节流是什么意思呢？节流指的是：把退休后潜在的大额开支，通过确定的方式提前规避。退休后的大额开支就是医疗和护理费用。老年人的生活往往很简朴，平时几块钱的菜都要斤斤计较，但一旦生病住院，却无法避免花钱如流水。

很多人担心被疾病拖垮，第一反应是努力攒钱，应对看病花销。攒够100万元，面对任何疾病似乎都可以高枕无忧了。但事实上，靠攒钱来对抗疾病是最原始的“笨办法”，最科学的思路是利用杠杆思维，建立一份绝对安全、复利增值的医疗抗通胀基金，尽最大可能将疾病的大额开销（住院费、手术费、长期护理费等）转移给健康险公司和寿险公司，堵住养老金漏洞，防止因病导致的大额资金流出。而且由于这份基金的抗通胀效应，它可以确保应对上涨的医疗开支和保费支出。

在个人养老金的黄金三角结构里，底层的部分被称作风险准备金，这是整个三角形最稳固的基石，但也最容易被忽略。请务必记住，在解决老年大额开支之前，你努力积攒的所有养老金，最后都可能是为医院创收了，唯有把这个风险转嫁出去，才算是打牢了基础。除了医疗抗通胀基金，风险准备金还包含了长期护理基金，我们会在下一章详细介绍。

终身现金流：社保缺口，靠它填补

在分析社保养老金时，我们意识到了退休后面临的社保养老金替代率不足的问题。根据测算，即使按照高收入（3 倍社平工资）、长期限（参保缴费 30 年）来计算，替代率也仅为 40% 多，而对各项指标达不到这个标准的大多数参保人员来说，替代率大约为 30%。[①]

但 30% 依然是乐观预估，因为它假设的是参保人员足额缴纳社保养老金，即月收入是多少，就按多少基数去缴纳。但不足额缴纳的情况非常普遍——每月收入高达 2 万元到 3 万元，但社保养老金基数只有六七千元。企业主要考虑人力成本，职工考虑每月到手收入，最终使得参保基数显著低于实际工资。看似短期内获得了甜头，但在社

① 详见附录 1。

保养老金的系统里，你一个月收入 2 万元的中高收入职工，就变成了月收入 5000 元的中低收入职工。按照 5000 元计算得到的退休工资，在你的真实月收入里占比会更低，甚至不到 20%。想象一下，一个月薪 2 万元的 59 岁职工，在退休之际发现自己的退休金只有 4000 元，这种落差已经无法弥补了。

足额缴纳的社保养老金面临替代率不足的显性风险，不足额缴纳的人群风险更高，如此看来，那些未参加社保养老金，或者只是浅层参与居民养老金的自由职业者，面临的问题更为突出。因此，我们必须正视中国人在退休后面临的现金流不足的问题，通过合理配置，让社保的这个缺口得到有效填充。

因此，在第三支柱里配置创造终身现金流的养老金资产，是仅次于风险准备金的第二大任务。大致思路是，预估退休时点的个人工资、退休时点的社平工资、预期退休金、个人真实需求工资（真正够花的金额）四个指标，然后得出养老金缺口，再反算出需要多少养老金资产。

以槽叔为例。30 岁时，我预估的退休时点（30 年后 60 岁时）的个人工资为 28000 元，退休时点的社平工资为 14000 元，预期退休金为 12000 元，我的真实需求工资为 22000 元。真实需求工资和预期退休金的差额为 1 万元，则 1 万元是我需要通过个人养老资产实现的目标。

需要说明的是，预测的目的并不是百分之百找到正确的数字，而是结合替代率和个人需求，尽力拟出一个预测值。即使预测值出现偏差，只要个人养老金提供了额外的退休现金流，就足以为社保养老金的缺口提供补偿了。

社保养老金，加上同样终身派发的现金流，两者合力为你的养老生活提供了强有力的兜底——遇到再差的情况，起码也有这笔现金流做支撑。

稳健资金池：进可攻、退可守的资产配置

堵住了养老金外流的漏洞（风险准备金），提高了最低待遇标准（终身现金流），最后一项任务就是努力提高养老资金池了。

养老资金池指的是可以自由支配的金融资产，从积累期到支取期，跨越几十年。这部分资产要满足两大基本要求：第一，安全性；第二，增长性。

安全性指的是资产配置必须包含绝对安全资产。不管是社保基金还是市场上的投资理财，所有的养老产品都配置了一定比例的绝对安

全资产，如国债、银行存款等。增长性指的是在确定性和安全性的基础上，扩充养老资金池，适当承担风险，获得超额收益。

我们分析过的企业年金也好，社保基金理事会管理的社保基金也好，其实都是一个稳健资金池。以企业年金为例，通常会将70%左右配置为相对安全的债券类资产，剩余的30%配置为中高风险的资产，如股票及股票基金或者商品及商品类基金。

他山之石可以攻玉，我们可以沿着这个思路进行优化和调整。

第一，对个人养老金来说，稳健资金池里最重要的压舱石不是债券，而是增额终身寿险。配置和挑选债券需要具备一定的专业能力，尤其是对宏观经济的分析研判能力，不适合普通消费者。而增额终身寿险产品结构简单，并且将对债券等低风险资产的配置责任转移给了寿险公司投资管理部。同时，增额终身寿险可以有效解决债券收益率长期走低的问题，将无风险资产的收益率提升到3.5%左右，可以为整个养老资金池构筑保底收益。

第二，由于已经在个人养老金中配置了风险准备金和终身现金流，因此代表无风险资产的增额终身寿险，在稳健资金池里的比例可以有所下调，无须参考社保基金或者企业年金的60%～70%的最低要求，允许适当降低，40%～60%是更加合理的比例。剩余的资金配置中高风险的公募基金产品，通过长期持有，博取潜在的更高收益，使整个养老资金池拉高3～5个百分点。即使出现亏损，也大概率会被增额终身寿险拉回盈亏平衡点。当然，两类不同风险的资产配比，主要取决于你的风险偏好和理财习惯。这一部分我们会在下面两章详细介绍。

黄金三角：长期投入，合理分配

风险准备金（risk reserve）、终身现金流（cash flow）、稳健资金池（fixed assets），它们承担了防止因病致贫、保证基本生活、追求更高品质这三项使命。

这三大板块自下而上叠加，形成了个人养老金的黄金三角。就像盖房子，风险准备金如同地基，看似不起眼，但确保了整体建筑的稳定。地基不牢，房屋主体经不起大风大浪。木桩同样重要，房子盖好后，木桩往往藏在墙壁内，很容易被忽视，但木桩的高度决定了建筑物的高度上限，就像你的终身现金流决定了你养老生活质量的下限。最后，就是在整个框架里填充水泥，注满灵活的稳健资金池，最终完成整体建造。

黄金三角包含三部分资金，我该如何投入呢？

养老黄金三角的三大资产

资产类型	定位	主要作用	配置比例
风险准备金	节流	降低老年后因疾病、卧床带来的大额开支，少花即是多赚	10%～20%
终身现金流	开源	只有社保养老金才能提供终身现金流，但金额太少，需要补充，确保任何情况下，都有足够的月收入维持基本生活	30%～40%
稳健资金池	开源	增加可支配的资金池，确保长期安全、稳健、增值、随取随用	50%～60%

风险准备金，应对医疗开支和长期护理风险，这部分投入占

10%~20%。在我的个人养老金方案里，风险准备金计划投入 45 万元，约占 15%。

终身现金流，应对社保养老金派发不足风险和长寿风险，这部分投入占比为 30%～40%。我投入的金额是 100 万元，约占 35%。

现金流是养老金的第一要义。我们的社保养老金在我们退休时会强制转换为现金流，全世界各地政府引导的第一支柱养老金也是以现金流的形式，按月或者按年派发给国民的。每月有钱花，是最纯粹的养老金融机制。

稳健资金池，通过配置不同风险资产，提供高流动性且收益稳定的退休金融资产，这部分投入占 50%～60%。这部分可以继续拆解为两类产品，一类是类似于国债的保底资产增额终身寿险，另一类是包含一定风险的公募基金。两者可以按四六开或五五开规划，主要取决于风险偏好。

作为 80 后，我这两年发现一个有趣的现象。父辈们（50 后或 60 后）渐渐退休、步入老年，那些退休后收入较高、生活较为殷实的人都有一个共同的特点：养老收入，不止来自一处。

我们经常会听到，“隔壁李叔叔单位还有补充养老金，一个月比你爸多领 3000 多元呢”，或者“以前你妈的同事张阿姨那套房子，每个月房租有 2000 多元”。不管是补充养老金还是房租，其实都是对社保养老金的一种补充。我们常说由奢入俭难，这时候如果你让李叔叔或者张阿姨放弃那部分补充养老金或房租，他们估计要气出心梗。

生活是冷暖自知的修行，别人的喜怒哀乐旁人大多无从知晓，但掌握其中的底层逻辑可以让我们无视纷扰。自己过好，才是王道。

— 延伸阅读

个人养老金，够安全吗？

也许你有所不知，中国的第一支柱养老金、第二支柱年金，都是交给保险公司、基金公司等金融机构去运作的。

当你吐槽金融诈骗时，你并不是在吐槽金融机构，你是在吐槽打着金融机构的幌子招摇撞骗的骗子。

所以，只要把握好一个标准即可：你的养老金，是不是交给了持证的金融机构。

目前可以接受养老金管理和投资的金融机构主要有寿险公司（含养老险公司）、公募基金公司、银行理财子公司、证券公司、信托公司，每类公司都对应一类金融牌照。

在这些金融机构里，养老金最常打交道的就是寿险公司和公募基金公司了。当你将自己的养老金交给这两类机构时，你大可放心。

不管是公募基金公司还是寿险公司，都要面对事无巨细的监管。首先要面对的就是极高的公司设立标准，股东资质、注册资本、经营效益等各方面都要符合极其严苛的要求。成立后，监管施加的压力只增不减，比如频率高、强度大的现场检查。监管部门会随时进驻，通过调取档案、查询系统等方式实施现场检查。保险公司负责财务、精算、法律、审计等的员工，想必都有连夜赶报告、陪同检查组查阅资料的经历，检查工作的繁复和细致可见一斑。

而寿险公司，还要面临更为严苛的偿付能力监管。所谓偿付能力，指的是当保险公司遭遇极端情况时，是否仍有能力履行赔付责任。每个年度和季度，保险公司负责精算、财务等的专业人士都会编制公司偿付能力报告，涉及一系列数学模式和压力测试。

你可能会担心：这些公司拿着你的养老钱，破产了怎么办？对公募基金公司来说，如果公司破产或者退出，投资人的资金是不会受到影响的，基金会通过清盘的方式，将所有投资赎回到投资者账户。在你购买基金时，所有的资金也都是托管在银行账户里、接受实时监测的。对保险公司来说，规避破产风险的手段就更多了。

我国《保险法》明确规定：

经营有人寿保险业务的保险公司被依法撤销或者被依法宣告破产的，其持有的人寿保险合同及责任准备金，必须转让给其他经营有人寿保险业务的保险公司；不能同其他保险公司达成转让协议的，由国务院保险监督管理机构指定经营有人寿保险业务的保险公司接受转让。

你只需要记住这句："其持有的人寿保险合同及责任准备金，必须转让给其他经营有人寿保险业务的保险公司。"即使没有公司愿意接收这家保险公司，我们还有保险保障基金。在好莱坞大片里，每当危险发生，就会有超级英雄挺身而出。保险公司破产后出现的这位超级英雄，就是保险保障基金。也许你是第一次听说它的名字，但它成立至今已经十多年了（2005 年成立），基金规模也已突破 1100 亿元。

总之，将养老钱托付给国家认可的金融机构，并不是一件让人提心吊胆的事情。只不过很多人由于初次接触，心里难免打鼓，只要了解了其中的规则和逻辑，就无须焦虑了。

04

第三支柱压舱石：商业养老保险

4.1 陪伴一生的现金流：终身养老年金

“一夜暴富、财务自由，永远能挑动你的神经，刺激你的荷尔蒙。但当我们规划养老金时，最需要摒弃的就是这种暴富思维。”

10 亿中国人拥有第一支柱（社保养老金），其中 7000 多万人还拥有第二支柱（企业年金或职业年金）。但他们并不知道这两个支柱在退休后每个月可以让他们领多少钱，现在甚至不知道什么时候能退休。

但当我们聊第一支柱社保养老金时，我们喜欢说“退休后每月领多少钱”；当我们聊第二支柱职业年金或企业年金时，我们也喜欢说“退休后每个月可以多领多少钱”。每个月领钱，这是流淌在我们血液里的底层需求，它代表了养老金最基本的要义：按月支付，终身领取。

第三支柱的个人养老金，就可以解决这个问题。

个人养老金完全属于自己，而且不受制于人口变化，通过合同这种契约形式来进行约束。既然如此，老百姓在积累第三支柱时就可以要求权责对等。什么叫权责对等？第一，我交的钱都是我的，不许给别人；第二，我交的钱能带来什么效果，我需要提前知晓。

终身养老年金就是这样一份契约型养老金——你要交多少钱？如何交钱？领取时每年 / 月领多少？领取前死了赔多少钱？领取后死了赔多少钱？临时急需用钱可以有多少周转金？诸如此类，都被写进了合同里。

终身养老年金是最能彰显养老金理念的金融产品，对于当下的中国，它的重要性尤为明显。

第一，终身养老年金是第一支柱的最佳补充。虽然很多人口口声声说参缴了社保养老，但缴费基数往往低于实际工资。月薪 20000 元的白领，只按 5800 元的最低标准缴纳社保养老金，这类情况屡见不鲜。我们之前分析过，对于足额缴纳社保养老金的人来说，退休金的替代率尚不足以满足需求，何况是在远非足额缴纳的情况下呢。因此，终身养老年金可以通过确定的金额，弥补替代率不足产生的缺口里的现金流部分。

第二，终身养老年金是第二支柱的归宿。对于企业年金和职业年金，退休时可以选择一次性取出或分 20 年取出。但不管哪种方法，都无法保证这笔钱可以长期提供现金流。因此，第二支柱最推荐的领取方法就是在拿到一笔资金后，将其转化为商业保险里的终身养老年金，这也是被写进许多企业年金计划方案里的官方建议。这足以证明，终身养老年金堪称企业年金多年积累后的临门一脚，承载了退休职工真正的养老需求。

迄今为止，我买过两份终身养老年金，都是 60 岁开始派发，一份派发 6000 元 / 月，一份派发 4000 元 / 月，每月总计 10000 元。

作为一个收入是 2 ~ 3 倍社平工资的人，我拥有两份养老现金流：第一份是社保养老金，第二份是终身养老年金，它俩在我心中的地位同样重要，缺一不可。社保养老金在我退休后每月派发 1 万多元，但这个金额是不确定的，社平工资、个人收入、工作年限，太多的因素都会影响最终的结果。我能做的就是按时交钱，祈祷明天。尤其是在老龄化趋势下，社保养老金压力空前，社保养老待遇下降是大概率事件，所以我这 1 万元终身养老年金的重要性毋庸置疑。

养老资产年金化：一道必做题

今年刚满 55 岁的张阿姨正式退休了，她有一套价值 300 万元的自住房，以及每月 2500 元的养老金和 100 万元的现金。请听题：你觉得阿姨的养老金有多少？

许多人会误把老年人拥有的资产等同于养老金，得出 400 万元 + 2500 元 / 月的答案。但换位思考一下就能发现，自住房不能变卖，100 万元现金看似不少，但从中支取时也有很多顾虑，即使拿去投资，也必须小心翼翼。

所以真正的底层养老资产只有 2500 元 / 月的养老金。在规划养老收入时，需要记住的第一个原则是：

年金化（annuitised）资产的多少，决定了养老生活的基础标准。

年金化，是指将一部分长期积累的资产转换为终身领取的保证现金流，即养老年金。A 的保证退休金是 5000 元，B 的保证退休金是 3000 元，我们可以认为在最差的情况下（不考虑其他收入），A 的收入比 B 的高，养老生活品质也更有保障。

我们经常在网上看到“手握 100 万元能不能退休”这种讨论。一夜暴富、财务自由，永远能挑动你的神经、刺激你的荷尔蒙，但当我们规划养老金时，最需要摒弃的就是这种暴富思维。

假设你真的手握 100 万元，且年过 60 岁，这时候你该如何对待这笔钱呢？你必须同时实现 3 个标准：

安全性、流动性、终身性。

排在第一位的一定是安全性。每年你都要从 100 万元里支取养老金，这是一件确定的事件，雷打不动，具有绝对必然性。所以一旦这100万元出现亏损，你就不得不“亏着取钱”。不管是从资产“回血”还是心态上来看，这都是一种非常糟糕的选择。所以确保资产的绝对安全是底线思维。

安全性还有一个引申含义，就是不会被人惦记。对于有子女的家庭来说，首先要确保养老资产完全属于自己，做到和子女甚至配偶等亲属的物理隔离，避免被不孝的子女觊觎财产或者离婚分割财产等风险。

除了安全性，流动性也很重要。存个3年的保本理财确实足够安全，但3年之后才能支取，所以这类产品也不能作为底层养老金。

最后是终身性，这一点最容易被忽视。没有人能预测自己的寿命，但必须确保只要人活着，永远有养老金在派发。这100万元按照每年6万元的速度领取，选择灵活的活期存款，80岁不到就会被领光了，极容易出现“人活着，钱却没有了”的窘境。

所以终身养老年金的价值在于，将100万元的现金池置换为每年6万元的终身现金流，确保实现安全、流动、终身的全覆盖。

张阿姨当然可以把100万元资金的其中一部分年金化，这样其实是更好的方法。比如，拨出其中30万元，将其变为每月1500元（每年18000元）的退休金，于是每个月到手的2500元就变成了4000元，效果立竿见影。剩余70万元，张阿姨不管怎么折腾，都有每月4000元的保底收入。安享晚年的核心逻辑，就在于此。

总之，面对100万元现金，要学会从养老视角出发去看待这笔钱。对于退休群体来说，最重要的问题是“如何用手里的100万元圆满度过一生”；而对于中青年群体来说，问题很容易变为“如何用 100 万元获得超额收益”，使得他们最终陷入收益和欲望的陷阱。

终身养老年金：比社保养老更“自私”

你可以把终身养老年金理解为：退休前交钱，退休后领钱，交得多领得多，保证领取一辈子。听上去似乎和社保养老金很像，但这只是表象，和社保养老金相比，终身养老年金大有不同。

第一，权利归属不同。社保养老金分为统筹账户和个人账户，只有个人账户属于自己，而且还存在被“借用”带来的空账问题。但终身养老年金完全储存在自己的账户里，投保完成、合同设立后，相关契约就已经成立。

第二，领取的确定性不同。社保养老金交的金额是确定的，但领取金额不确定，取决于宏观经济、财政补贴等多重因素，还要考虑社保所在地的平均工资水平，确保做到公平公正。但终身养老年金的领取金额在购买时就已经确定并写进合同了，多缴多得，按比例清晰递增，锁定了长期的保证收益率。

第三，筹款原理不同。社保养老金和工资挂钩，但终身养老年金交多交少，完全取决于自身的意愿和能力。你既可以每月交 3000 元，交到退休，也可以每年交 30 万元，交 3 年就结束。前者是上班族的选择，后者是生意人的选择。上班族，现金流相对稳定，可以细水长流；生意人，业务有波动，很难预测 5 年后甚至 10 年后的个人资金情况，既然手里有钱，索性早投入、早锁定。说白了，终身养老年金的筹款机制由消费者决定，自行设定规则，遵照执行即可。同时，终身养老年金在筹款的额度上也几乎没有上限和下限，属于有多少力气犁多少地。

第四，受延迟退休影响程度不同。社保养老金的派发时间取决于国家设定的退休年龄，一旦延迟退休政策正式落地，你的领取时间自然也相应后延。但终身养老年金的领取时间在投保时就可以确定，完全基于保险精算规则，不因国家退休政策而改变。投保时选择了 60 岁领取，即使国家后续推行了延迟退休政策，也只会影响社保养老金，你的终身养老年金依然会按投保时的合同约定执行。男性想从 55 岁开始领钱也没问题，在投保时设定 55 岁领取即可。当然，根据保险精算原理，你想领得早，每年自然领得少，这是你需要权衡的，看你的实际需求。

第五，配套服务不同。终身养老年金是充分竞争下的金融市场，为了吸引消费者，寿险公司、养老险公司会额外提供增值服务。除了钱，养老服务和养老社区也很重要，部分保险公司就面向养老年金客户提供养老社区的折扣福利或者优先入住权[①]。再如，退休后每月派发的养老金，当月花不完怎么办？一旦出现结余，就会面临再投资风险。放银行？现在的活期利率已经低得可怜，二三十年后更是难以想象。买股票或者基金？只要有风险，心里就打鼓，这个岁数的人对于风险的厌恶程度高得惊人。于是，部分保险公司就会提供退休金安置

---

① 第七章会详细介绍养老社区。

账户，用于放置每个月产生的结余资金。安置账户除了确保本金绝对安全，还能提供保底收益，年化复利一般在2.5%～3%，解除每月结余的后顾之忧。

总之，终身养老年金是一种“个人利益最大化”的养老金制度。

买之前先来看看利益演示表

买终身养老年金，到底能领多少钱？刚领几年就身故了怎么办？着急用钱，能取出来周转一下吗？所有的问题，都在表里。

终身养老年金的计划书案例（部分，单位：元）

保单年度	保单年度末年龄	年交保险费	累计已交保险费	保单年度末现金价值	每年养老金	保单年度末身故保险金
1	36	60000	60000	21840	-	60000
2	37	60000	120000	53100	-	120000
3	38	60000	180000	90540	-	180000
4	39	60000	240000	132420	-	240000
5	40	60000	300000	177000	-	300000
6	41	60000	360000	224460	-	360000
7	42	60000	420000	275040	-	420000
8	43	60000	480000	328800	-	480000
9	44	60000	540000	386040	-	540000
10	45	60000	600000	446940	-	600000
11	46	60000	660000	511680	-	660000

续表

保单年度	保单年度末年龄	年交保险费	累计已交保险费	保单年度末现金价值	每年养老金	保单年度末身故保险金
12	47	60000	720000	580560	–	720000
13	48	60000	780000	653760	–	780000
14	49	60000	840000	731580	–	840000
15	50	60000	900000	814320	–	900000
16	51	60000	960000	902280	–	960000
17	52	60000	1020000	995820	–	1020000
18	53	60000	1080000	1095240	–	1095240
19	54	60000	1140000	1200900	–	1200900
20	55	60000	1200000	1313040	–	1313040
21	56		1200000	1385280	–	1385280
22	57		1200000	1461480	–	1461480
23	58		1200000	1541820	–	1541820
24	59		1200000	1626600	–	1626600
25	60		1200000	1599900	116160	2207040
26	61		1200000	1569000	116160	2090880
27	62		1200000	1536600	116160	1974720
28	63		1200000	1502700	116160	1858560
29	64		1200000	1467240	116160	1742400
30	65		1200000	1430160	116160	1626240
31	66		1200000	1391520	116160	1510080
32	67		1200000	1351200	116160	1393920
33	68		1200000	1309260	116160	1277760
34	69		1200000	1265760	116160	1161600
35	70		1200000	1220580	116160	1045440

续表

保单年度	保单年度末年龄	年交保险费	累计已交保险费	保单年度末现金价值	每年养老金	保单年度末身故保险金
36	71		1200000	1173900	116160	929280
37	72		1200000	1125720	116160	813120
38	73		1200000	1076280	116160	696960
39	74		1200000	1025820	116160	580800
40	75		1200000	974820	116160	464640

养老金为终身派发，受篇幅限制，表格仅展示到 75 岁。
获取完整版请关注公众号“槽叔”。

这张表格的名字叫利益演示表，请务必仔细阅读。每个终身养老年金都有利益演示表，有了它，你就可以在购买之前准确了解各项信息。这是一个 35 岁男性的养老金方案，每个月攒 5000 元，积累 20 年。60 岁退休之后，他能获得的一切利益，都在这个表里。

他从 60 岁起每个月到底能领多少钱？查阅“每年养老金”这一栏就可以看到，每年派发养老金 116160 元，约合 9680 元 / 月[①]。

刚领几年就身故了怎么办？在“保单年度末身故保险金”这一栏可以看到，不管是在 60 岁前还是之后身故，都可以获得一大笔赔偿款，完全不用担心，确保不会亏。

活着的时候临时着急用钱，能取出来周转一下吗？在“保单年度末现金价值”这一栏可以看到，这一列的金额就是你可以应急支取的。假设 72 岁时得病需要用钱，可以取出 1125720 元，和你总投入

① 如果为按月领取，实际金额会略高于 9680 元，需结合具体产品的派发规则。

的 120 万元基本相似，这一点是社保养老金完全做不到的。

这个功能很重要，我们的客户里有一半的人都很看重这个功能。假设在 74 岁罹患严重恶性肿瘤，时日无多，你可以退保取出 100 多万元，分配给子女或者伴侣。总之，利益演示表是服务于不同年龄阶段的需求和目的的。

但需要注意的是，退保取出现金价值这个功能非到万不得已时不要使用，因为一旦取出现金价值，保单就失效了，之后也不会派发养老金了。

利益演示表冷静、客观、公允地呈现出了终身养老年金的所有特点。到底买多少金额？到底适不适合自己？很多问题都能从中找到答案。

利益演示表的价值在于它不仅能展示优点，还可以让你看到不足。不同金融资产在风险、流动性等方面都有各自的侧重点。对终身养老年金来说，它和社保养老金的流动性都不高——假设退休前急需用钱，社保养老金是不能提供帮助的，而终身养老年金可以通过退保的方式解决。

我身边的不少朋友都有一个感觉：不太喜欢领取金额被牢牢固定死，希望能由自己来决定。比如，60 岁到 70 岁的时候少领一点，70 岁之后多领一点，毕竟我们无法预知退休后的生活状态。如果你也有类似的需求，那更适合你的是另外一类养老保险——增额终身寿险。

扫二维码
观看相关知识

4.2 第三支柱的“国债”：增额终身寿险

“有的人喜欢年年都能领、年年领得多的现金流，而有的人却更喜欢坐拥一个自由支取的现金池，随时支取，哪怕只能领到 80 多岁，他也能接受。”

终身养老年金最大的特点，是“终身”二字。

寿险公司需要把长期无风险利率、长期投资收益率、人类平均寿命趋势、资产负债管理等全部考虑到，才能拍着胸脯，许下一辈子提供现金流的诺言。寿险公司必须足够努力，才能让一辈子提供现金流这件事看起来毫不费力。在全世界金融监管模式下，有资格拍着胸脯做出这个承诺的，也只有寿险公司了。

在设计终身养老年金时，寿险公司必须参考最新的平均寿命数据（也就是保险行业生命表），但这一数据往往是对过去经验的总结，缺乏对未来的判断和预测，即使加入了寿命的预测参数，也会出现预测失准的情况。

寿险公司最重要的一项工作就是根据年金客户群的领取时间，做好资产的流动性管理，确保满足每个人在领取时点的需求。匹配一旦完成，就意味着资产、负债久期和持仓都要相对稳定。但稳定的另一面，是终身养老年金不得不在流动性上做出牺牲——大部分终身养老年金在领取期开始后就不能随意取出了。这就是为什么我们将终身养老年金称为"人生现金流"，因为它无法沉淀为你的金融资产。如果老年时忽然急需用钱，终身养老年金无法发挥太大的作用。

所以，希望在领取时间尽可能长的情况下，获得足够的流动性支持，以应对老年时的各种突发风险，这样的需求催生出了另一类历史同样悠久的金融产品——增额终身寿险。

有的人喜欢年年都能领、年年领得多的现金流，而有的人却更喜欢坐拥一个自由支取的现金池，随时支取，哪怕只能领到 80 多岁，他也能接受。对于后者，增额终身寿险就是更好的选择。

什么是增额终身寿险？

什么是增额终身寿险？

想象一个长期储蓄计划：你每年把钱存进一个寿险账户（一次性存进去也可以），然后获得寿险公司的保证约定，并把约定实现的最终收益写进合同。这就是增额终身寿险。

根据持有时间的长短，增额终身寿险的年化复利可达到 3%~3.5%，不管具体数字是多少，都会白纸黑字地写进合同。举个例子，35 岁的槽叔把 100 万元一次性投到增额终身寿险里，60 岁时可以一次性提现234万元。这234万元，就是会写进合同的。

60岁的槽叔既不用担心提现金额少于这个数，也不会奢望高于这个数。总之，234万元就是234万元，所见即所得。当然，如果槽叔想提前退休，那么可以在50岁时一次性提现166万元，无须强制锁定到退休才能领取。在领取设计上，增额终身寿险还是比较讲人情味的，并非不讲道理。

60岁时拿到234万元，看似很爽，但也有快乐的烦恼：这234万元，我到底该怎么花?

已经退休的人，风险偏好类型大概率已经变为“风险极度厌恶型”了，炒股是不可能了，这234万元资金必须放到绝对安全的资产里。

除此之外，还得确保随时能从中支取——毕竟这笔钱是拿来“用”的，不是放到投资账户里天天“养尊处优”的。每个月都能往外取钱，让钱派上用场，这才是关键。

但20多年后，既要绝对安全，又要随时支取的流动性，想来想去，唯一符合要求的就是利率只有百分之零点几的活期存款了。这时候，增额终身寿险的价值就体现出来了。

槽叔完全可以选择将这234万元放在增额终身寿险的账户里，让它继续按照3.5%的复利滚存，需要生活费时，从中取钱即可。那时的增额终身寿险，就是一个保证收益3.5%的活期账户，

60 岁起增额终身寿险的复利升值演示（假设活到 100 岁，单位：元）

年龄	"现金价值（账户余额）"	相比去年的利率
60	2345300	/
61	2427300	3.5%
62	2512300	3.5%
63	2600100	3.5%
64	2691100	3.5%
65	2785200	3.5%
66	2882700	3.5%
67	2983500	3.5%
68	3087900	3.5%
69	3195900	3.5%
70	3307700	3.5%
71	3423400	3.5%
72	3543200	3.5%
73	3667100	3.5%
74	3795400	3.5%
75	3928200	3.5%
76	4065600	3.5%
77	4207800	3.5%
78	4355000	3.5%
79	4507400	3.5%
80	4665100	3.5%

年龄	"现金价值（账户余额）"	相比去年的利率
81	4828300	3.5%
82	4997200	3.5%
83	5172000	3.5%
84	5352900	3.5%
85	5540100	3.5%
86	5733900	3.5%
87	5934500	3.5%
88	6142100	3.5%
89	6357000	3.5%
90	6579400	3.5%
91	6809500	3.5%
92	7047700	3.5%
93	7294300	3.5%
94	7549400	3.5%
95	7813500	3.5%
96	8086800	3.5%
97	8369700	3.5%
98	8662500	3.5%
99	8965500	3.5%
100	9279200	3.5%

上次你听到收益率这么高的活期账户，还是 2013 年，距今已近 10 年，那一年一个叫余额宝的理财产品横空出世，一夜之间所有人都知道了一个新名词：货币基金。年化收益 3.5%，随时支取，小小的余额宝竟演变为大规模的存款搬家。2022 年的货币基金，收益率普遍只有 2% 左右，而且还在持续下行。

即使在 2022 年的今天，你也找不到一个 3.5% 年化收益的灵活账户，何况这 3.5% 的收益率是写进合同的。当然，这也不是没有代价的——为了获得这个兼顾流动性和高收益的账户，槽叔耐心持有了 20 多年。但毕竟这是一份养老资产，和我们的期限需求是完全匹配的。

增额终身寿险和终身养老年金的区别是什么？

60 岁的槽叔手握 234 万元，他做了一个决定——参考终身养老年金的规则，每年领取一笔钱。假设当年这 100 万元买的是终身养老年金，不是增额终身寿险，那么从 60 岁开始槽叔得到的将是每年 147000 元的终身现金流。

这样操作，不仅能像年金一样领钱，还能确保增额终身寿险的账户上一直有余额。槽叔似乎找到了一种可以套利的方式，但真的能如他所愿吗？事实上，按照这种提取方式，只需要 20 年，在槽叔 80 岁的时候，增额终身寿险的账户价值就会被取光。如果槽叔到 80 岁的时候还健在，那么就会面临“人活着，钱没了”的尴尬局面。

这笔账其实很好算。增额终身寿险账户里的234万元本来好好地按照3.5%的复利增值，你只要确保每年领取的金额不超过81900（234万 ×3.5%）元，就可以保证这234万元不受“侵蚀”。但槽叔领取的147000元远超81900元，必然意味着每年都要“侵蚀”234万元这笔“本金”。长年累月下来，只需要20年，“本金”就坐吃山空了。

举这个例子，并不是为了分出高下，而是借此让你认识到增额终身寿险和终身养老年金的不同侧重点：增额终身寿险侧重灵活性，牺牲每年领取的金额，得到了随时支配一大笔钱的权利。假如六七十岁的时候急于用钱，增额终身寿险显然能解燃眉之急。反之，终身养老年金侧重固定领取，牺牲流动性，得到的是每年准时发放的养老金，活多久领多久。如果岁月静好，只想要一笔钱安逸生活，那终身养老年金就是首选。

在实际规划中，现金流和现金池应该分开规划，因为两者解决的是不同的问题。第三支柱有三笔钱：风险准备金、终身现金流、稳健资金池。增额终身寿险的主要功能，并不是和终身养老年金比一比谁领得多、领得久，它的核心价值在于，提供稳健资金池的保底收益。

扫二维码
观看相关知识

增额终身寿险，利率锁定的“国债”

当你筑好了风险准备金，锁定了一笔终身现金流，其余的资金你可以统一归集为稳健资金池，确保这个池子安全、稳健地增长。中短期的灵活性不是最重要的考量因素，但退休前后一定要大幅提升流动性，确保随时为退休生活提供充足的弹药。

如何打造这个稳健资金池呢？不妨回想一下社保基金理事会的投资策略：

银行存款和国债投资的比例不得低于 50%。其中，银行存款的比例不能低于 10%。

这个投资比例意味着一半以上的养老资金都被锁定在绝对安全的金融资产上了。国债和银行存款的组合实现的是在绝对安全的基础上，兼顾流动性和收益性。从收益率来看，10 年期国债过去 5 年的收益率区间为 2.5%～4%，2022 年年初的收益率约为 2.8%；20 年期国债过去 5 年的收益率区间为 3%～5%，目前收益率约为 3.5%。

中长期国债不仅决定了社保基金的基本盘，也是整个债券市场定价的重要参考。作为有国家政府背书的债券，国家开发银行债券、地方政府债券相较于国债往往会上浮 10 到 20 个 BP，而这类债券也构成了债券基金的主要债券资产。持有国债并不简单，考虑到国债的流动性，社保基金理事会要根据不同的资产久期和需求，调整不同期限国债的配比，确保“想用钱时就能用”。

从国债，到国开债、地方债，再到债券基金，这一链条构成了资管行业的底层基石。

即使是银行理财，这一配置组合也没有发生本质变化。养老类的理财产品中，以债券为主的固定收益类产品的投资比例普遍高于70%，部分产品甚至上浮到80%。对于风险更高的创新类FOF银行理财产品来说，银行存款、债券和债券基金分别占比14%、26%、28%，总计依然不低于60%。只有资产比例稳健，整体安全性才有保证。

考虑到债券收益率的下行趋势，长期债券收益率基本维持在2.5%~3.5%，而这个收益率构成了社保基金、养老理财等养老资产的底层基石——让一半以上的资产先锚定一个稳健收益率，是设立稳健资金池的第一步。

对第三支柱个人养老金来说，这个思路值得参考和借鉴，但对个人来说，债券并不是最理想的资产。第一，债券的收益率并不稳健，未来几十年内持续下行是大概率事件。第二，债券的违约风险在加剧，信用债和企业债的风险敞口也在增大。低风险不代表无风险，如果遇到债券违约，牺牲的就不是收益率了，而是大额的本金。

对个人来说，最值得配置的稳健型“类债券”资产，就是增额终身寿险。增额终身寿险在投保时就锁定了3.5%的长期投资收益，无须额外操作买进和卖出，同时不受市场债券利率变化的影响，是养老资金池中非常理想的底层资产。德鲁克说过一句话，他说：“人们往往高估了一年所能取得的成绩，而大大低估了三十年、五十年所能取得的成绩。”增额终身寿险持续终身的复利效应，正好匹配养老金长期持有的特性，既能和通胀相抗衡，又能平滑养老资产的波动，最终增强你长期持有的信心。

以我配置的其中一份增额终身寿险为例，每年投入5万元，连续

5 年。到 60 岁退休时，这笔资金会变成 59 万元，复利约为 3.47%。

很多人可能会问：为什么养老保险可以实现绝对收益呢？过去有句话，叫“人有多大胆，地有多大产”，但对于保险公司来说，这句话是完全相反的，保险公司是“家有多大产，人才能有多大胆”，换句话说，没有金刚钻就别揽瓷器活。

寿险公司有严格的偿付能力规定和资本金规定，通俗点解释，如果寿险公司希望销售 10 亿元的终身养老年金，它要确保它的净资产满足在极端情况下，即假设投资亏损、公司经营不善等情况同时发生，依然有足够的准备金来履行合同预期的承诺。与此同时，监管机构还会采取高频、高强度的定期检查，让保险公司的各项经营指标始终维持在安全线以上。

增额终身寿险，买起来挺费劲

和常见的理财产品不同，增额终身寿险设置了一个神奇的购买门槛：购买之前，保险公司会设置健康告知，如果不满足健康告知的要求（比如得过恶性肿瘤、有脑中风后遗症等），就不能购买。

你可能会觉得奇怪：难道得病的人就不配攒养老金吗？误会了，这是因为增额终身寿险还包含了身故赔偿责任。我给这个情况起了一个好记的名字：英年早亡。

投保增额终身寿险之后，如果在退休前不幸身故，不管是意外造成的还是疾病造成的，都会额外获得一笔赔付。

举个例子。李女士今年 36 岁，2008 年投保了增额终身寿险，每年交保费 5 万元，共交 15 年，原计划从 55 岁起每年领取 6 万元，一直领到 85 岁左右。但 2012 年春节期间李女士不幸遭遇车祸身故，身故时累计已交保费 15 万，但由于增额终身寿险规定，退休前身故可获得额外赔付，则李女士获得 21 万元赔款，比累计保费还多 6 万元。

这个案例乍听起来没什么，但如果我们把每年交 5 万元换成 50 万元，把李女士换成罹患严重恶性肿瘤且时日无多的张三，那张三妥妥地能通过这笔储蓄，获得高达几十万元的额外身故赔偿。

在寿险行业，有个专有名词叫作“逆选择”，意思是消费者隐瞒某些事实，利用制度和规则钻空子。为了防止逆选择，保险公司会针对增额终身寿险出台健康告知要求，曾经确诊或目前仍患一些疾病的人是无法购买增额终身寿险的。

对于咱们普通老百姓来说，这个功能属于锦上添花。但对于高收入人群（尤其是企业主）来说，增额终身寿险在确保资产绝对安全、稳健增值的情况下，还能额外提供身故赔偿，这一点可以发挥重要的作用。我们会在第七章详细分析。

真实案例

2017 年年初，时年 36 岁的张先生按每年保费 200 万元、交 5 年的方式投保了一份增额终身寿险。张先生来自广东江门，在当地经营着一家小有名气的卫浴洁具企业。

2020 年底，张先生突发急性心梗，抢救无效身故。身故后，张先生的家人除了拿回800万元的累计保费，还额外得到了480万元的身故理赔款[①]。

由于投保时张先生已经指定了受益人，1280万元理赔款直接由保险公司打款至多名受益人的账户，所以未引发任何遗产纠纷。

① 增额终身寿险针对40岁及之前身故的成年人，提供总保费额外60%的身故补偿，如现金价值高于总保费和身故补偿之和则赔付现金价值。

4.3 因病卧床的护工费：长期护理险

“在老龄化背景下，身体健康的老人尚能通过继续工作谋求一份收入，但如果因疾病或意外长期卧床，不仅失去了继续工作的能力，也新增了一份长期开支：护理费。”

放眼全世界，失能老年人人数超过 1000 万的国家有几个？答案很残酷，只有咱们中国。

其实这个问题的答案很好猜，就是一个简单的统计逻辑学。中国人口最多，老龄化问题又非常突出，一个一个漏斗筛下来，失能老年人的数量自然也少不了。但由于幸存者偏差的存在，这个群体长期以来一直处在被忽视的状态。

有些话题就是这样，通常情况下我们很少主动聊起，但一旦聊到就会发现，身边总归有人对它有所认识。卧床护理，就是这样一个话题。

在社会保障体系中，护理是护理，医疗是医疗，这两者不能混淆。医疗体系只能治病，没法做到养病。和治病相比，养病损耗更大、持续时间更长。在老龄化背景下，身体健康的老人尚能通过继续工作谋求一份收入，但如果因疾病或意外长期卧床，不仅失去了继续工作的能力，也新增了一份长期开支：护理费。

这一节我们来介绍一类杠杆率更高但更冷门的养老保险：长期护理险。

什么是长期护理险？

在青岛、深圳等个别地区，你可以在社保里看到长期护理险。但从全国来看，长期护理险的存在感很低，很多人都不了解。

在社保里嵌入长期护理险并非易事。什么样的人满足长期护理的标准？失能、失智有没有等级划分？社会政策的本质是利用有限的资源实施精准救助，因此，确定具体的指标是一切的起点。然而我们国家在这方面规则的制定上尚处于起步阶段。

2022 年 2 月，国务院印发《“十四五”国家老龄事业发展和养老服务体系规划》并首次提出：“制定全国统一的长期护理保险失能等级评估标准，建立并完善长期护理保险需求认定、等级评定等标准体系和管理办法，明确长期护理保险基本保障项目。”终于，有了规则，这样才能有后续。

深圳 2021 年在社保里先行探索长期护理险，还出台了《深圳市长期护理保险办法》，并设立了评定委员会——当参保人员认为自身丧失了生活能力或者罹患老年疾病时，委员会将安排人员对其进行评估，根据评估分级提供居家照护和机构照护等服务。

也就是说，深圳社保里的长期护理险提供的不是钱，而是服务。这一点，是社保里的长期护理险和目前商业长期护理险（以下简称“商业长护险”）差别最大的地方。

商业长护险的逻辑相对简单：只要满足合同约定的长期护理条件，我们就赔钱。要么是一次性赔付，要么是按月赔付且持续 10 年或 20 年，由客户自主选择。而长期护理的标准往往和疾病、自主生活能力相关，会白纸黑字地写进条款。

以市场上最标准的商业长护险产品为例，它规定了 10 种疾病和状态，分别是：

- 自主生活能力丧失
- 瘫痪
- 严重阿尔茨海默病
- 严重脑损伤
- 严重帕金森病
- 严重运动神经元病
- 非阿尔茨海默病导致的严重痴呆
- 持续植物人状态
- 双目失明
- 语言能力丧失

只要是家里有需要长期照料的老人的人，对这里列的许多疾病就不会感到陌生，每一种病症的背后都是不堪回首的记忆。照料失能老人，不管是对当事人还是对其子女来说，都是生命不能承受之重。

产品的功能我懂了，到底贵不贵，要花多少钱呢？事实上，长期护理险并不是一个高高在上的昂贵金融产品，它的杠杆率非常高。

终身养老年金的好搭档

统计学有个概念，叫条件概率。举个例子，等我赚了钱就娶你，“赚了钱”是“娶你”的前提条件，这就叫条件概率。由于有了前置条件的存在，发生率就有所降低了。

长期护理险，就是一种条件概率下的年金产品。保险公司（或养老险公司）承诺每个月给你4000元的护工费用，而且不用等到退休，但前提是你需要达到无法自理的条件。因此，同样是每月派发4000元，长期护理险需要投入的保险费，比终身养老年金要少很多。

举个例子

35岁的男性张三，每月积累3000多元，坚持到60岁，就能每个月领取1万元的补充养老金。如果张三担心因疾病和意外需要卧床护理，1万元不够，那就每月额外再交400多元，锁定一个长期护理责任：如果自主生活能力丧失，每个月额外再得5000元，连续给付10年。

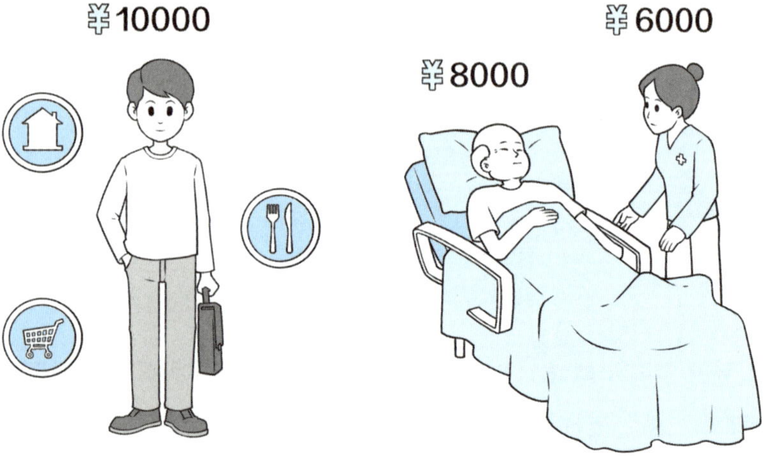

通常来说，长期护理险的设定金额往往是终身养老年金领取额的一半左右。这样可以兼顾投入和产出——不希望额外支付太多保费，但也不希望带来的影响微乎其微。

从这个案例可以看出，长期护理险不仅拥有很高的杠杆效应，还往往和终身养老年金一起出现。有些终身养老年金在产品设计开发阶段，会把长期护理险作为附加险，给消费者提供一个额外选择。消费者只需要回答“我是否需要长期护理责任”，以及“我是否还能拨出一小部分预算来锁定长期护理险”这两个问题即可，解决了繁杂而高深的产品科普，更好地完整呈现出退休后消费者对现金流的真实需求场景。因此，长期护理险也一度是终身养老年金的完美搭档。

之所以称之为“一度”，是因为目前这种组合式的产品已经很难见了。主要原因还是长期护理险当下面临的两个问题：老百姓接受程度低，长期风险敞口不可预测。

长期护理陷入了一个非常尴尬的境地：有过亲身经历的不在少数，但他们往往被社会忽略，隐藏在看不见的角落。于是在广大中青年群体看来，长期护理似乎和自己八竿子打不着关系，无论你如何科普和介绍，他们就是毫无兴趣。

与此同时，保险公司也冒着巨大的风险。长期护理人群到底有多大规模？护理标准设定得是否过于宽松？这些都决定了未来风险敞口的大小。

你可能听说过重疾险、医疗险，这些保险产品本身已经经过几十年的发展，并积累了丰富的医疗疾病数据，便于不断修正定价模型。而长期护理险则处于中早期阶段，别说消费者不接受了，保险公司自己心里都没底。

现在好了，本来我就是在战战兢兢地开发产品，你却对我爱搭不理，产品销售收入根本无法覆盖研发设计等一系列成本，更不用说未来的潜在风险了。保险公司索性慢慢减少了对这类产品的投入。

实际上这对于老龄化趋势下的消费者来说，是一种巨大的损失。因为长期护理险本身自带两全功能，完全无须担心“用不上”的问题。

扫二维码
观看相关知识

一辈子没用上，怎么办？

如果我一辈子健健康康、从未卧床，我的长期护理险岂不是白买了吗？

在规划长期护理险时，许多客户都会提出这个问题。没办法，人性如此，我们总觉得风险离我们很远，内心很抗拒。

我在科普定期寿险时就说过，保险并不一定是储蓄，也可以是消费——花最少的钱，博取一个高保额，这不正是对杠杆最完美的解释吗？

但没关系，长期护理险天生就可以帮你实现两全。长期护理险在设计时会包含现金价值，我们以一份真实的保单为例来解释。

现金价值表

保险合同编号：[redacted]　　　　价值单位：人民币元

保险品种名称：[redacted]护理保险ELC（缴费30年）

保单年度末	被保人年龄	现金价值	保单年度末	被保人年龄	现金价值	保单年度末	被保人年龄	现金价值
1	28	43.00	28	55	17,523.00	55	82	46,675.00
2	29	101.00	29	56	18,719.00	56	83	46,614.00
3	30	180.00	30	57	19,965.00	57	84	47,088.00
4	31	482.00	31	58	20,905.00	58	85	46,932.00
5	32	808.00	32	59	21,879.00	59	86	45,879.00
6	33	1,160.00	33	60	22,891.00	60	87	43,950.00
7	34	1,537.00	34	61	23,834.00	61	88	43,262.00
8	35	1,943.00	35	62	24,807.00	62	89	41,824.00
9	36	2,379.00	36	63	25,807.00	63	90	39,237.00
10	37	2,846.00	37	64	26,836.00	64	91	38,820.00
11	38	3,347.00	38	65	27,893.00	65	92	37,791.00
12	39	3,883.00	39	66	28,979.00	66	93	35,711.00
13	40	4,456.00	40	67	30,089.00	67	94	31,708.00
14	41	5,065.00	41	68	31,219.00	68	95	31,342.00
15	42	5,714.00	42	69	32,354.00	69	96	30,325.00
16	43	6,404.00	43	70	33,483.00	70	97	27,924.00
17	44	7,139.00	44	71	34,592.00	71	98	22,305.00
18	45	7,922.00	45	72	35,816.00	72	99	22,284.00
19	46	8,754.00	46	73	37,015.00	73	100	22,007.00
20	47	9,639.00	47	74	38,159.00	74	101	20,994.00
21	48	10,474.00	48	75	39,223.00	75	102	17,491.00
22	49	11,349.00	49	76	40,479.00	76	103	17,489.00
23	50	12,265.00	50	77	41,668.00	77	104	17,211.00
24	51	13,224.00	51	78	42,758.00	78	105	15,313.00
25	52	14,229.00	52	79	43,704.00	79	106	18,376.00
26	53	15,279.00	53	80	45,057.00			
27	54	16,376.00	54	81	46,191.00			

这是我们团队一位年轻同事的长期护理险保单的现金价值表。她选择的方案是交 30 年，每年 3065 元，拆成了 5 份来买，即每份保单 613 元。一旦满足长期护理条件，每年就可以拿到 6 万元的长期护理赔偿金，最长可以赔付 10 年。

现金价值表里的现金价值，就是她可以随时取走的“活钱”。

4.4 防止因病致贫：医疗通胀基金

> “对于已经退休的老人来说，除了希望养老金多一点，第二个愿望就是希望看病的时候花钱少一点了。尤其是严重的疾病，如恶性肿瘤、心脏搭桥、器官移植等，往往涉及复杂的手术和昂贵的用药，医疗账单最终变成养老金的‘吸血鬼’。”

街上跑着的多是年轻人，医院躺着的多是老年人。医保数据显示，60 岁以上的群体花掉了 85% 以上的医保基金。我们只顾埋头攒钱，却忘记了一个朴素的道理：拼老命地多赚三四十万元，一场大病，可能全白忙活了。有统计学数据表明，我国 65 岁以后的医疗费用占一个人一生医疗费用的 70% 以上，老年人的医疗费用是年轻人的 4 倍甚至更高。

日本就是一个例子，老龄化程度加剧，造成家庭医疗支出占 GDP 的比重提升得更快了，1997 年日本进入深度老龄化时代，健康服务业的平均增速是全社会 GDP 增速的 3.2 倍。

对于已经退休的老人来说，除了希望养老金多一点，第二个愿望就是希望看病的时候花钱少一点了。尤其是严重的疾病，如恶性肿瘤、心脏搭桥、器官移植等，往往涉及复杂的手术和昂贵的用药，医疗账单最终变成养老金的“吸血鬼”。

如果让你给自己的第三支柱定几个 KPI，请一定把“防止老年因病致贫”写进去。如何防止呢？说到底你只需要记住两句话：确保自己拥有住院医疗险，确保自己交得起这份保险。

控制医疗开支，就是增加养老收入

2018 年，第三支柱税收递延型养老保险上市时，最让我眼前一亮的不是节税方法，不是收益多少，而是一项特殊规则——如果罹患重大疾病，可以把养老金余额一次性提取出来。

这样的设计比社保养老金更有人情味：社保养老金的统筹账户不属于你，自然没钱可提；个人账户虽然属于你，但只有在退休后才能按年领取，身故时才能把余额取走。所以如果不幸遭遇大病或全残，想用钱却取不出来。

税延养老险的这个设计，其实也是参考、借鉴了商业养老保险。不管你买的是终身养老年金还是增额终身寿险，都可以随时全额或部分支取，灵活性是设计时一个重要的考量。

但是，有没有可能，如果不幸得了重大疾病，不要动用我的养老金呢？能不能把医疗风险和我的养老金隔离开来，彼此不受影响？解决这个问题的核心，就是医疗险，尤其是住院医疗险。

提到医疗险，很多人的第一反应是："我有社保啊，社保里就有医疗险。"

社保中，医疗险的缴费比例仅次于养老金，排名第二。46岁身患哮喘病的张三，23岁从来不去医院的李四，都在北京同一家单位，月薪相同，他俩每个月的社保医疗险保费都是2400元，其中单位缴纳2000元（10%），个人缴纳400元（2%）。

看到这种"单位+个人"的模式，是不是感觉似曾相识？没错，社保医疗险和社保养老金的筹款机制基本相同，也是以在职员工缴费为主的一种现收现付制。因此，社保养老金所遭遇的余额危机、老龄少子危机，社保医疗险感同身受。

为什么全国社保基金理事会不叫全国社保养老基金理事会呢？因为它的职责并不只是应对养老金风险，医疗开支也是它需要面对的挑战。只是从基金支出的压力来看，养老金发放问题是已经发生的问题，而医疗风险尚未完全暴露出来，随着老龄化的加剧，医疗基金的支出压力会越来越大。

近几年，医保基金承受着巨大的收支压力，甚至影响到了部分医疗机构的正常运行。由于医保基金对医院有考核规定，临近年底，为确保医保基金完成余额指标，医院有时候会捉襟见肘——不管是药物还是治疗费用，都必须一分钱掰成两半花。

好在我们有增援部队：住院医疗险。

社保医疗险只能解决社保范围内的药品和治疗手段，商业医疗险负责解决两块问题：第一块是社保范围外，涉及自费药、进口药的费用；第二块是虽在社保范围内但存在自付部分的药品和治疗手段费用，比如自付一和自付二，可以让商业医疗险给你报销。

5年前我在写《你的第一本保险指南》时，还要苦口婆心地和读者科普住院医疗险的重要性。5年后的今天，它已经成为无须再说明重要性的商业保险产品，尤其对于老人来说，手握一份住院医疗险，是安度晚年的重要保障。

你看过医疗险的费率表吗？

我家老人的商业保险都是由我负责管理的。“我家老人”这四个字不仅包含了夫妻双方的父母，还包括了大姨、二姨等亲戚——他们都是20世纪五六十年代生人，如今年过六十，医疗险变得愈发重要，需要有专人盯着，防止中断，按时缴费。

在上一辈亲戚里，大姨年龄最大。去年为大姨续保时，我被她的住院医疗险弹出的保费价格着实吓到了：2268元。

在我们老家这个省会城市，退休金每月四五千元不算少了。2200多元的医疗险保费，意味着要把半个月的退休金都投入医疗险里。而且，这才只是开始。

我们仔细阅读医疗险的费率表就会发现，随着年龄增加，保费也在增加，而且增幅越来越大。

在影响住院医疗险的保费的因素中，年龄是最核心的。对成年人来说，年龄越大，保费越高。65岁的张大爷比35岁的小王更容易住进医院，这是一个非常简单的概率问题。

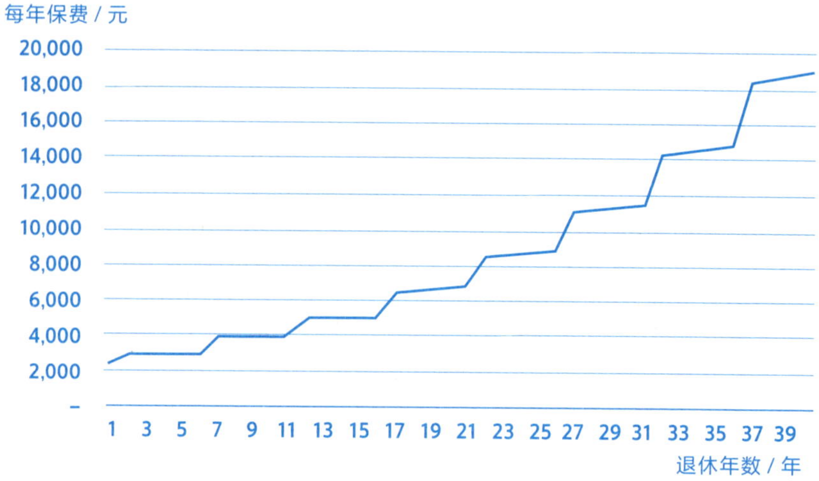

医疗保险费率表

年龄越大，医疗险保费越高，我曾在书中专门分析过医疗险的定价机制，对我来说，这个概念并不陌生。但理论认知和亲身经历往往会带来完全不同的体验。当我真的为 60 多岁的大姨续保住院医疗险时，还是被价格吓到了。

但这还不是故事的全部。我们还有一个敌人没有解决：医疗通货膨胀。

餐饮、交通、生活用品的通胀大都比较温和，我们能感同身受，但医疗开支的潜在通胀往往容易被忽视。据统计，中国近年来医疗开支的增长率为 5%~7%[①]。治疗肺气肿，今天可能需要 2 万元。10 年后

① 中国 2019 年至 2021 年的医疗开支总额的增长率分别为 5.78%、6.06%、6.77%，略低于全球平均水平。

需要多少钱？我们不得而知。

治疗费越来越多该怎么办？最关键的地方来了：根据羊毛出在羊身上的理论，保险公司会将疾病理赔款的上涨趋势，转嫁到保费上，最终造成医疗险保费同步上涨。

最终的结果是：你的医疗险，越来越贵。

如果我们给我大姨的医疗险设置一个3%的单利通胀因子，她的医疗险保费会涨得更凶（如下图）。

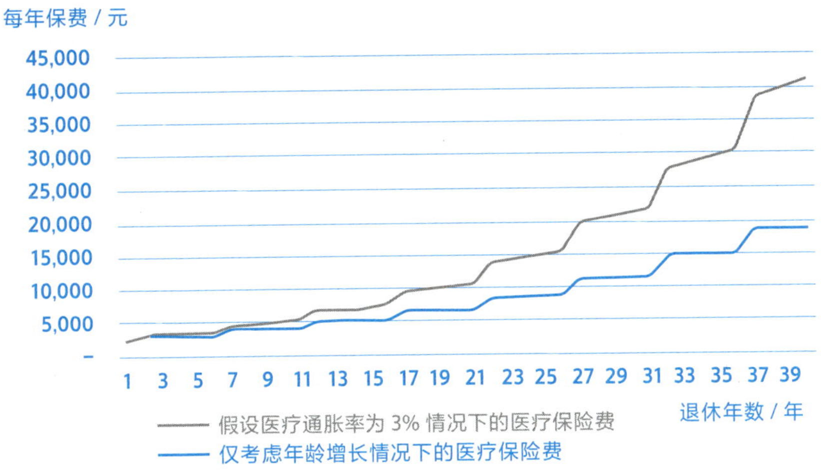

医疗险费率表

可以看出，从70岁开始，通胀预估下的保费开始迅速增长。在90岁时，通胀影响下的保费达到了无通胀因子下的2倍。我不禁要问：大姨能不能在70多岁时负担每年1万多元的保费？

医疗基金，不可或缺的风险准备金

既受年龄影响，也受通胀影响，住院医疗险保费的上涨变成了“双鬼拍门”的过程。尤其是在退休之后，涨价幅度加大，但退休后收入降低，这种医疗保费越来越高但收入越来越低的情况，很容易导致无力续缴的状况出现。解决这个问题的方法是建立稳健、安全的医疗基金，利用在职期间的持续收入，逐步积累，并通过锁定利率，应对老年后潜在的高额保费支出。

具体怎么做？我们需要利用增额终身寿险搭建一个资金池，在退休前往里注水，并确保水池里的水不断增多。只要有这个基金池，我们就不用担心医疗险保费了。

这样做的本质，是把医疗险涨价的风险，转移到保险公司的保证收益上。

我购买过好几份增额终身寿险。我将其中的一份交 20 年、每年交 1 万元的增额终身寿险，设定为我的医疗通胀基金。这份基金在我 60 岁时，账户价值约为 40 万元，从那时起，我就可以每年从中提取医疗险保费。假设通胀因子为 3%，依靠这笔基金，在 95 岁之前，我的医疗险保费都能按时缴纳，无须额外掏钱。

设立医疗基金，需要统筹考虑医疗险的保费和通胀因子、增额终身寿险的缴费方式和保证利率水平，具体方法需要结合实际情况，咨询你的养老金顾问。我们在过去几年搭建了超过千份的医疗通胀基金，结合历史经验，梳理出几个重要原则供你参考：

第一，收益不确定、期限不持久的金融产品，不能作为医疗通胀基金的底层资产。抗通胀基金关系到每年的医疗险保费能不能按时交上，需要确保在几十年后依然存续，并且保持增值状态。因此必须用终身有效、保证收益的金融产品作为底层资产。

第二，不要以为所有的保险理财产品都能搭建医疗通胀基金，包含“分红”“万能”“投连”等字样的保险产品，不适合作为基金底层资产，要慧眼识珠。我们将在下一节里详细分析这类披着光鲜外衣的伪养老保险。

第三，医疗通胀基金的总投入，要控制在个人养老总投入的 10% 左右，不要过高。用长期医疗险，解决老年后的大额医疗开支，这是巧用金融杠杆。用当前的现金投入，解决长期医疗险的保费通胀，这是巧用时间杠杆。如果金额过高，就失去了杠杆的本质。当然，如果你需要解决的是高端医疗险的保费通胀，这个情况另当别论。① 当然，我们也不用担心在通胀基金上投入过多。如果若干年后你的基金出现了结余（比如通胀因子低于预期），这些结余依然可以被我们自由支配，用于退休后的开销。结余的产生，是对我们审慎规划的一种犒赏，也是对我们未雨绸缪的一种物质奖励。

---

① 高端医疗险包含了特需部、国际部和私立医院，保费通常是普通住院医疗险的 3 倍及以上，主要购买群体为高收入群体，考虑到篇幅有限，书中不做科普。

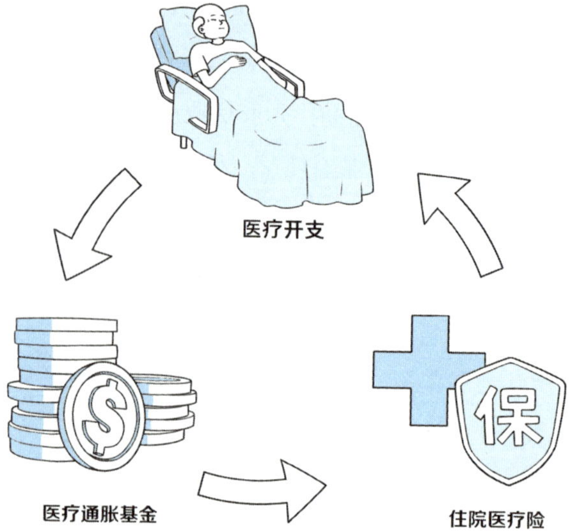

留心魔鬼细节：医疗险的停售风险

医疗通胀基金的逻辑和方法基本讲完了，但如果本章就此打住，你会遗漏一个重要的知识点：医疗险的停售风险。

参加社会医疗，购买商业医疗，早早建立抗通胀基金，做到这三点，你已经比大多数人强得多了。但你知道医疗险有停售风险吗？

医疗险的停售问题，我在《你的第一本保险指南》里分析过，这里简单重述一下：大多数的住院医疗险的保障期限是 1 年。这种 1 年期的医疗险会面临续保风险——你可以把 1 年期的保险看作腾讯视频的 1 年期会员。如果腾讯公司第二年倒闭了，或者宣布裁撤视频业务，那么第二年你自然就无法续费了。

为了解决这个问题，保险公司会在小范围内推出保证续保期限超过 1 年的医疗险，我们将这类产品统称为长期医疗险。只要满足下面其中一条，都可以被称为长期医疗险。

1. 保险期间为 1 年以上，比如条款写明“保险期间：6 年”。

2. 保险期间虽然写的是 1 年，但条款里有“保证续保”的明确年限规定。比如条款里写了这句话：“本产品保证续保 20 年，保证续保期间。”

这里我要着重介绍一下保证续保的概念。举个例子，55 岁的槽叔今年买了一份住院医疗险，投保后即进入 20 年续保期间（period），如果槽叔 62 岁时，保险公司决定停售这款医疗险，也就是说，保险公司不再接受新客户的投保了。但老客户槽叔不受影响，他依然可以继续持有这款医疗险到 75 岁，凑够 20 年。

有人会说，那槽叔到 75 岁时可就惨了，还得重新买一份医疗险，那时候槽叔一定一身疾病了，估计买不到了。那该怎么办呢？答案很简单：接受这个事实。

如果你觉得 20 年保证续保期间的规则都这么没有人情味，那么其他那些不做承诺的医疗险，是不是完全就是无赖啊？商业医疗险本身就面临极大的经营风险，保险公司不可能做亏本买卖，这是对商业社会的基本认知。而且保险公司也不希望医疗险停售，如果发现理赔金额超过预期，保险公司可以通过提高价格的方式，挤出一部分对价格敏感的客户，确保留在这个“池子”里的客户可以继续享受保障。这就是医疗险涨价的另一个背景，也更加说明医疗通胀基金的重要性——手握通胀基金，你比其他人更加无惧医疗险的涨价。

相信我，即使我白纸黑字地写下“目前市面上最长的保证续保期间是 20 年”这句话，你依然会面对形形色色的保险销售人员，他们会斩钉截铁地说：“胡扯！我们家的医疗险，终身都能续保。”

这时候你可能会困惑，到底听谁的呢？别急。此时的你，只需要做两件事。

第一，看看这个销售人员卖的医疗险，到底是住院医疗险，还是癌症住院医疗险。如果是癌症住院医疗险，他说得没错，确实有些癌症住院医疗险终身保证续保。但问题是，顾名思义，癌症住院医疗险只能报销癌症带来的手术和住院开销啊，非癌症疾病（比如心脑血管疾病等）一律不管。卖保险的人语文学得不好，可以理解，但咱们消费者可就要仔细读读文字了。不管怎么说，这第一种情况只是这位保险销售人员钻了一个语言逻辑的空子，而接下来的第二种情况，才是真正的信口雌黄。

第二，产品条款里的保险期间到底是怎么写的。如果写的是“1 年”，再看看是否有“保证续保”的字样。如果没有这四个字，那么这个医疗险就是不能保证续保的，即使销售人员说出花来，即使把自己所供职的保险公司说成拯救全世界人民的超级无敌大英雄，也不改变医疗险只有 1 年时效、第二年可能买不了的事实。

在养老金行业，有一个不成文的规矩：一个连医疗险续保规则都讲不清楚的养老金顾问，是绝对做不好养老金规划的。

我在写这一节的时候，最后这个部分“留心魔鬼细节：医疗险的停售风险”是我最纠结的部分。因为医疗险的续保问题是很难通过一篇文章彻底说清的，往往要结合不同产品的条款细则和被保险人的实际情况来确认。所以坦诚地说，本节充其量只科普了医疗险和通胀基金的不可替代性，具体的实操如何，还是得仰仗你的养老金顾问。

4.5 擦亮眼睛，这些不是养老保险

> “过去的经验告诉我们，即使意识到了需要用保险作为养老的打底资产，你也很可能买错产品。”

刚才我们介绍的终身养老年金、长期护理险、增额终身寿险，名字看上去很长，但理解起来却很简单——它们都是收益确定、终身保障的保险单品，没有花里胡哨的包装，所见即所得。

不得不承认的是，对普通消费者来说，养老保险规划是一件颇为“烧脑”的事，找到这三类产品也并非易事。他们需要越过重重高山，既要躲开一些不靠谱的规划思路，比如“有病赔钱，没病养老”“就当是存钱了”，也要看清一些自称养老保险的保险产品的本来面目。这一节我们就来聊聊如何擦亮双眼，防止买错养老保险。

保障是保障，养老是养老

当你打算用商业养老保险来为第三支柱打基础时，先默念一句话：疾病是疾病，养老是养老。

在中国市场上有一类非常神奇的保险产品——储蓄型疾病险。当你希望解决大病风险、医疗风险时，这类储蓄型疾病险会出现在你面前。

举个例子，30 岁的槽叔希望购买一款重疾险。第一步，应该根据收入确定重疾险的保额。槽叔年薪 20 万元，按照收入补偿逻辑，重疾险的通常保额应当设定在 60 万元到 80 万元。但更高的保额意味着更高的保费，槽叔想了想，还是决定先买 60 万元保额，后续再增加。但一看到保费，槽叔傻眼了：竟然要 19000 多元。

仔细一问才知道，原来里面包含了一个名叫满期金的东西——如果平安活到 80 岁还没得重大疾病，就能一次性拿回 38 万元的总保费（19000 × 20 年）。如果不要满期金，保费就会减少 7000 多元，降至 11000 多元。但槽叔发现：保险公司做了强制捆绑，满期金这个东西，不能不要。

当槽叔对高昂的保费略有微词时，立刻收到了保险销售人员斩钉截铁的评价：“有病给钱，没病返还，咋样都划算，反正就当存钱了。”

但这里有两个问题。

第一，这 7000 多元能产生的价值，远不止 38 万元。如果槽叔每年把 7000 多元投入他的增额终身寿险资金池账户，连续投入 20 年。等到 80 岁时，槽叔获得的不是 38 万元，而是 57 万元。也就是说，即使你希望统筹考虑疾病保障与养老理财，也要关心到手的账户价值，不能形成肉眼可见的差距。

第二，作为一种为应对疾病风险而发明的保险产品，重疾险是一种金融杠杆，本就应该秉承以小博大的思路。如果通过精细化分析，槽叔的重疾险保费还可以在 11000 元的基础上再节省 2000 ~ 3000 元，最终可以把重疾险的保费控制在 1 万元以内。省下来的钱可以更从容地投入个人养老金中，实现整体利益最大化。

保障的本质是杠杆，这个理念可不是我随口说说的，广东、深圳等地的社保局近年来也在大力普及和推广重疾险，政府主张购买的重疾险，没有任何一款包含了返还等理财功能。让保障的归保障，养老的归养老，这个原则一定要牢记于心。

你能反向约束保险公司吗？

每每和身边的人聊起养老保险，我都会发现一个有趣的现象：许多人都隐约觉得自己曾在某个时点出于养老的目的，买过一份保险产品。但当你仔细追问，他们才会发现，原来自己买的都是带有“分红”“万能”等字眼的保险产品，而且所有人的反应出奇地一致——搞不懂自己买了什么，只当是存钱了。

当你试图从这些已经买过的产品里，找一找终身养老年金、长期护理险、增额终身寿险的踪迹时，会发现少得可怜。过去的经验告诉我们，即使意识到了需要用保险作为养老的打底资产，你也很可能买错产品。其中最具有迷惑性的产品就是分红险和万能险了，它们的共性是：收益率不确定、期限不够长。

从养老储蓄的角度来说，选择这类产品，相当于放弃了确定收益、终身有效这两大抓手，最终相当于放弃了对保险公司的约束。最终你的养老保险演变成什么样，完全无法被你掌控，进而影响到个人第三支柱的稳定性。

中国人对“分红”二字有着无法遏制的好感，总有一种天上掉馅饼的潜意识。围绕着“红”字，还衍生出了“花红”“红利”等喜庆词语，无不代表着对于超越预期收益的期待和追求。感性认知并非洪水猛兽，但如果仅仅停留在对分红的期待，却不去分析所谓的红利到底从何而来、数量能有多少，那才是真正掉入了“分红陷阱”。

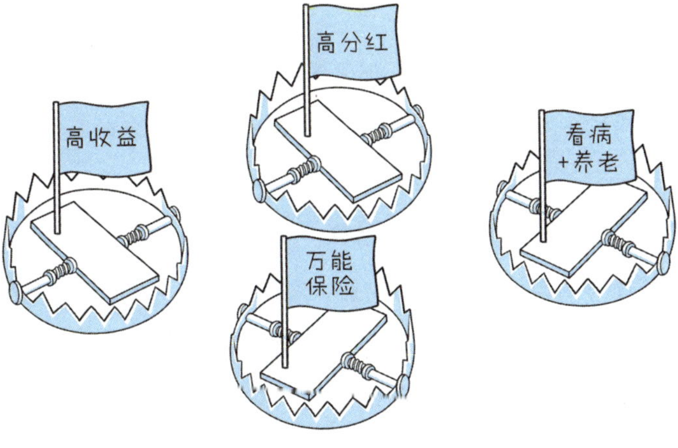

首先要明确的是，保险产品所谓的分红并不意味着你可以分享保险公司的经营利润。销售人员喜欢把保险公司的利润和消费者分得的

红利强行画等号，但实际上这是两类完全不同的概念。所谓的分红，指的是保险公司在设计某一款产品时，先设定更高的保费，留出利润空间，如果实际经营成果优于预期，产生了盈余，那么就按照一定比例（还不是全部哦）对保单持有人进行分配。说到底，保险公司设定了较高的保费，才能保证将来一定数额的红利派发和派发后依然维持利润水平。[①]就像我们经常用“先涨价再降价”来吐槽“双 11”活动一样，分红险其实也有异曲同工之妙。

除了分红险，万能类保险也有类似的问题。假设你买了一份名为万能保险的产品，你脑海里一直觉得这款保险的收益率是 5.5%。多年之后，在别人的提醒下，你发现这个产品的收益率已经降到 2%，和购买时的样子有着天壤之别。你刚想去愤怒地投诉，却发现保险公司并没有做错，因为保险合同里白纸黑字地写下了这样一段话：

> 保证利率：保证利率指本合同保单账户价值的最低年结算利率。本合同保证利率为 2%，超过保证利率以上的是不确定的。

也就是说，投保时按 5.5% 结算，几年后降到 2%，保险公司也并没有违反合同。长达几十年的收益，刚刚过去几年就翻脸不认账了，却也合情合理。这时候的你，失去了对保险公司的约束。

对白纸黑字的合同，我深信不疑；对没有保证的承诺，我深感怀疑。养老金这件事，其实就是回答下面这些问题：什么时候领（比

① 见《个人寿险与年金精算实务》，中国财政经济出版社，2011 年 1 月版。

如从 60 岁开始）？领多少钱（比如每月 1 万元）？领多久（比如一辈子）？这些问题的答案必须是确定的，不得马虎。万能险是不确定的，分红险同样如此。

避开这些坑，买对养老保险

有读者可能会说，既然分红险和万能险这么复杂难懂，为什么不严格管理一下销售人员的销售行为呢？实际上，一直有完善的监管制度，但市场上这类带有“万能”“分红”字眼的产品永远供需两旺。假设我们现在把保险公司的产品精算师关起来，连夜审讯，问他们为什么要开发这样的产品，他们八成会说：其实不怪我，我们推出保证收益的产品，但消费者不买账，而且长期风险都转移到了我们身上。出力不讨好的事情，为什么要做？

所以作为消费者，我们也要厘清养老保险的核心观念，从树立科学认知做起。在你的第三支柱个人养老金中，养老保险必须解决三大问题：

第一，提供终身领取的现金流，且现金流尽可能地做到最高。

第二，确定收益的账户价值，收益率不能低于 3%，要尽可能地逼近 3.5%。不要低于 10 年期和 20 年期国债的收益率。

第三，长期卧床需要护理时，可以按时提供长期现金流，缓解护理成本。

只要你的养老保险可以通过上述三句话描述清楚，大方向就没有错。如果说了半天，都还只是在“反正就是存钱”“买保险就是买个安心”“买了就对了”这种表达上兜圈圈，你应该就知道下一步该做什么了。

如果你觉得保险很复杂，很难搞清楚什么万能、分红之类的保险，我教你一个简单粗暴的办法，大多数时候都很好用，那就是：

不要买“开门红”保险。

每年 12 月到次年 1 月，寿险行业都喜欢开展一个名叫“开门红”的活动。借助中国人喜欢红火、热闹的特点，兜售保险产品。“开门红”是我最厌恶的恶习。其实对很多事情的判断都不需要你有专业知识，你只需要靠基本的常识和逻辑就能发现这里的问题，“开门红”就是一例。

保险也好，理财也好，既然是在我人生不同阶段的周期性配置，为什么要在每年 1 月的时候进行呢？说到底，还是为了配合保险公司的商业模式，完全忽视了消费者的现金流配置节奏。我甚至和我们团队的养老金经纪人说：“当保险公司搞‘开门红’时，咱们反过来，全员启动‘理性月’，就是要和‘歪风邪气’对着来。”

有读者会说：“槽叔，你这样说，保险行业不生气啊？”生气也没用，监管对于“开门红”的指导文件层出不穷，三令五申不得违规开展“开门红”。“开门红”的主打产品，多为分红或者万能产品。躲开“开门红”，你就能躲开大多数“坑”。

05

第三支柱生力军：公募养老基金

5.1 养老基金：有兜底，有盼头

“在养老资金池的规划中，我们也要将不同目标的资产进行组合配置，确保下有兜底、上不封顶。”

黄金三角里，稳健资金池占半壁江山。这半壁江山主要由两类资产构成：增额终身寿险和养老基金。

在稳健资金池里，养老基金发挥了什么功能？为什么要配置一定的养老基金？这一章我们来做详细分析。

资产配置视角下的稳健资金池

稳健资金池的主要目标是力求稳健、追求收益。我们将这个目标类比为攀岩，在向上攀登的过程中，攀登者一方面要做好必要的防护和安全措施，另一方面也要承担一定的风险。但只要防护措施做得到位，最差也不会出现坠落身亡的惨剧。

在养老资金池的规划中，我们也要将不同目标的资产进行组合配置，确保下有兜底、上不封顶。作为兜底的增额终身寿险，我们已经在上一章详细做过介绍了。而上不封顶的任务，主要是养老基金的使命。

世界上没有一种绝对最优的资产，即一种收益较高同时风险又较小的资产供养老基金进行投资，资产的收益和风险总是相互匹配的，预期收益较高的资产风险较大，而风险较小的资产预期收益较低。当稳健资金池完全投资保本安全的增额终身寿险（类国债）或短期流动现金时，资产的安全有绝对保证，但潜在的收益率只能和通货膨胀率基本一致，失去了追求更高收益的可能性。

但反过来看，当养老基金完全投资风险较大的股权资产时，尽管基金的长期收益水平可能提高了，但是资产价格的波动风险可能会超过养老基金所能接受的最大限度，情况严峻时可能影响养老基金的平稳运行，导致资金池缩水严重，影响个人养老金的稳定性和长期持有。

所以，在稳健资金池内注入一定比例的中高风险养老基金，兼顾了稳健和收益性，改善了养老资金池的收益和风险特征，从而使得风险较小且收益较高成为可能。

什么样的基金，可以作为养老基金？

养老基金主要由市场上常见的公募基金组成。公募基金是指面向全社会公开募集的基金，市场参与主体为基金公司。部分寿险公司也会设立公募基金，但设立主体必须是寿险公司旗下的公募基金公司。近年来，设立公募基金公司的寿险公司越来越多，主要目的也是在长期资金配置（如养老金）方面为客户提供更为丰富的选择。

公募基金的产品类型很多，适合做养老基金的主要有五类，按重要性排列，依次为：权益基金、养老目标基金、商品基金、债券基金和货币基金。

权益基金：指的是主要投资于股票的基金，投资的方向主要是依法公开上市和发行的股票。它的类别较多，可以分为股票基金、指数基金、行业基金、混合基金（股票仓位不低于60%）。

养老目标基金：以养老金积累为目标的基金，可投资范围较广，包含股债等多元化资产，但具体比例取决于基金的风格和基金群体的风险偏好，随时间动态调整。在养老基金里，它和权益基金是最为重要的两类基金，承担着获取长期收益的重任。

商品基金：商品类基金主要投资于能源、粮食等大宗商品类及相关指数的基金。

债券基金：债券基金主要持有的资产为各类债券，包括国债、地方政府债、信用债、企业债等。从大类资产的长期配置来看，债权类资产受到杠杆、评级、久期三大要素影响，在长期持有过程中，收益面临持续下行的风险，而且往往很难获得长期匹配的资产。对养老金投资来说，投资期限为20年甚至更久，但债权类资产大多很难匹配期限需求，所以在养老基金里的占比不高。

货币基金：主要投资货币市场的基金，流动性极高，风险性也是所有基金里最低的。货币基金的收益率往往只有 1%~2%。在动态配置模式下，货币基金承接了短期不用的闲置资金，帮助养老基金完成再平衡和风险调整。同时，货币基金还可以作为风险准备金和终身现金流的储备金工具，实现按月积累、小额投入的效果。

这么多类型的基金，如何挑选最适合养老的呢?

确定持有比例，找到持有方式

养老基金类型繁多，每一类又包含了具体的子基金。首先，要根据风险偏好的持有时间，确定大类资产和细分资产的持有比例。大类资产指的是增额终身寿险和养老基金，可以分为三种配置思路。

保守型：增额终身寿险不低于 60%，养老基金不高于 40%。

稳健性：增额终身寿险和养老基金各占 50%。

激进型：增额终身寿险不低于 40%，养老基金不高于 60%。

确定大类资产的占比后，就要确定细分资产的占比了。在实际操作中，通过调整养老基金的资产占比，我们可以对风险类型进行微调。比如，在稳健型模式下，如果养老基金主要为权益基金和养老目标基金，则该模式属于稳健偏激进，可以用“稳健 +”来表示。如果我们穿透底层资产，“稳健 +”实质上就是传统意义上的股债占比均衡的混合式基金，这类基金往往是 R3 或者 R4 风险，波动与回撤较高，需要持有人有较高的耐心和定力。

一旦长期的各资产配置的平均比例确定了，其养老产品的长期收益就已经被确定下来了，即 Beta 收益[①] 部分就确定下来了。剩下的具有主要差异的部分，就是如何获取 Alpha 收益[②]。

即使确定了不同类型资产的比例，我要如何分配资金呢？最常见的养老基金积累方式，就是自我强制性的定期投资，简称强制定投，即在固定时间、按固定金额投资养老基金。

定投最大的特点是易懂、好操作，能一定程度上提高正收益的概率。我们经常用“微笑曲线”来描述定投的特点——在市场下跌时投入资金，即使继续下跌，只要后续反向上扬、止跌回升，你的定投账户就能扭亏为盈，最终形成“微笑曲线”。

举个例子，当前某只养老基金的净值为 1 元，定投 100 元可以买到 100 份；下个月基金净值跌到了 0.5 元，同样投入 100 元，可以买到 200 份。200 元花出去了，此时持有基金的成本是 200 元 /300 份 =0.67 元。两次的连续投入，把基金持有成本从 1 元打到了 0.67 元，这时候净值 0.5 元的基金只要上涨超过 0.17 元（33% 左右），整体上就是赚钱的。

需要注意的是，定投只是增加盈利的概率，它绝不是盈利的保证。定投更重要的意义在于，匹配了养老金的投资周期，大幅提高了消费者的参与度。

---

① Beta 最早的定义来自经典的资本资产定价模型（Capital Asset Pricing Model，简称 CAPM）。在今天的投资理财中，Beta 收益往往泛指一个市场或某个行业的平均投资收益率。在实际操作中，Beta 收益的确定并无定式，要结合资产风险偏好、所处行业等因素综合评估。

② Alpha 收益主要指投资中所获得的超出市场或基准收益率的部分。Alpha 指标经常被应用于公募基金投资绩效评价体系。

中国证券投资基金业协会的数据表明，10 年期及以上的基金定投，对投资者把握投资的实际能力的要求非常低，相较于单次投资而言，定投的时机对最终收益的影响要小得多。

如果投资者选择一次性大额投资，极有可能遇上长期亏损，不知何时才能盈利。假设投资者在 2007 年权益市场高点时投入一笔钱，未来 10 年内，他平均每年都要亏损 2%～3%，相当于进入了一个永无天日的投资路径。

但定投绝不是一劳永逸的良药。养老基金的长期性必然造成基金资产积累得越来越多，一旦沉淀资产较多、持有资产规模越来越大，那么每一份新增定投对于整体持仓成本的影响就会越来越小。

举例来说，每月定投 1000 元，5 年后的这个时候持仓规模到了 8 万元。这时你依然坚持每月定投 1000 元，现在的这 1000 元对整体的持仓成本（8 万元）影响非常小。如果此时遭遇大跌，你就会有很强的无力感——继续坚持下去，似乎也并不能改变 8 万元资产大幅减值的客观事实。

有数据表明，当定投的资产规模达到了每份定投金额的 30 倍之后，“微笑曲线”就渐渐失效了。这时，就需要在定投的基础上，做周期性、阶段性的配置了。

我们将基金获得的超额收益称为 Alpha 收益。Alpha 收益到底从哪里来呢？通常来说 Alpha 收益的来源包括三个方面：一是基于长期平均风险敞口的资产配置比例的动态调整（主动偏离平均风险敞口而获得额外的收益，比如阶段性地在股票表现好的时期将权益类资产调整为正向偏离，即超配）。二是在各大类资产中，选择细分风格资产，进行大类资产内部细分资产结构优化，以获得超额收益。比如，当确定了权益类资产配置比例后，如果能够判断小盘股会占优于大盘股，增加小盘股资产的配置比例，将能够获得超额收益。三是在前两点的基础上，通过选取具体的基金产品来获得进一步的超额收益。比如，在确定重配小盘股资产后，挑选更优秀的基金经理所管理的基金，以期获得额外收益。

在以上三点中，前两点都属于动态调整的范畴，所以动态调整是整个配置过程的重点。由于动态调整不仅需要对历史规律有大量的严谨统计，而且也要对未来宏观状态及市场状态有所预判，这个预判的准确率和动态调整的幅度理论上应该成正比，由于预判环节的难度较大，动态调整的难度也显而易见。在动态调整上，专业机构具有更多的优势。后续我们会分析养老目标 FOF 基金，即我们可以通过基金经理的手，实现资产的有效配置——坚持定投是你的事，但配置的工作，咱们还是交给专业机构吧。

最后我依然要提醒你注意，中国公募基金的发展还处于早期阶段，尤其是权益类基金，既经历过 2007 年牛市的扩张阶段，也经历过 2011—2013 年的持续收缩期，在低迷的股票市场的影响下，权益基金规模在当时逐年萎缩，直到 2014 年才探底回升。养老基金的主要功能在于为稳健资金池提供更高收益，同时通过控制比例，规避权益市场大幅下跌带来的养老金风险，千万不要在追寻收益的道路上，忘掉来时的路。

— 延伸阅读

槽叔的养老基金，是怎么买的？

我的养老稳健资金池里，“类国债”的增额终身寿险占比40%～50%，预计投入80万～100万元；中高风险的养老基金占比50%～60%，预计投入100万～120万元。在养老基金中，约半数为养老目标基金，其余以权益类基金、混合型基金为主。

与此同时，我还会每个月投入货币基金，并将其作为我的风险准备金、终身现金流的“月交账户”。

什么意思呢？假设槽叔希望60岁时每个月领取6000元，需要每年交24000元，所以从现在开始每个月积攒2000元。但遗憾的是，那款终身养老年金只允许按年缴费，怎么办呢？没关系，我只要每个月往货币基金里投2000元即可，每年赎回一次，赎回期就设定在终身养老年金缴费日之前的一周，这样就达到“通过货币基金实现月交”的目的了。

5.2 养老基金，亏了咋办？

> “综合来看，长期投资和短期投资对投资者的要求大相径庭：一个要求对基本面的深刻理解和坚定的性格，另一个要求对市场极度敏感、高效反应及快速执行的能力。”

我算是个果粉，也是最早一批智能手机用户，上大学时参与翻译过乔布斯的发布会，养成了对移动互联网的长期使用习惯，尤其是作为文字工作者，对手机端、电脑端之间的系统转换更是驾轻就熟。

按理说，我的这个习惯应该带到我的养老金规划中去，但实际上恰恰相反——规划养老金，尤其是养老基金，我拒绝使用任何 App 和智能平台，迄今为止，我只是偶尔登录一下基金公司的官方网页（不是官方 App），有时候工作一忙，甚至一年半载不去登录。为什么这样做呢？看似是简单的去智能化，实际上是我对待养老基金涨跌的态度：避免关注短期表现，一切服务于长期持有。

淡定点，向社保基金理事会学习

作为掌管万亿养老金的投资机构，全国社保基金理事会也做了一些证券投资基金配置，主要为公募基金，除了自行投资，还委托市场上十余家基金公司作为投资管理人，承担一部分基金的保值增值责任。

在对待亏损这件事上，社保基金理事会先后经历了三个阶段。[①]

第一阶段：绝不能亏。

刚开始运作时，社保基金理事会的底线是：当年不亏损。这样做的结果就是，社保基金在不经意间被迫变成了保本基金，如同你去银行买 1 年期理财，每次赎回时都得算算赚了多少钱。哪怕赚得不多，哪怕后续面临更复杂的投资环境，你也总喜欢落袋为安。

第二阶段：5 年内不能亏。

经过多方面沟通和协调，社保基金理事会进入了第二阶段：5 年不亏损。哪怕今年亏损了，也别着急，咱们以 5 年为单位考核投资成绩。一旦确立这个目标，资产配置比例就可以进行调整。在约定的范围内，可以适当扩大高风险权益类资产，同时降低盲目择时操作，延长持有时间。

第三阶段：5 年内平均收益水平不低于 3.5%。

随着投资周期的拉长，由于理事会在投资时确定了足够的安全垫（50% 以上的国债和银行存款），所以对自身提出了更严格的目标

① 内容出自全国社保基金理事会养老金管理部主任武建力在《建立中国特色第三支柱个人养老金制度研究》课题成果发布会上的发言。

5 年内不亏不是我们的目的，平均收益水平不低于 3.5% 才是目标。

可以看出，风险政策是随着对风险以及风险承担水平的认识不断加深而不断放宽的。最终带来了两个结果：收益的波动性变大了——社保基金涨涨跌跌的幅度有所增加，似乎更加波动了——但长期的投资收益率也在提高。

不管规则如何调整，目标都始终围绕着“若干年后的投资效果”。我们经常说不折腾，频繁调整投资目标就是一种折腾——今天想着这笔钱 20 年内不会动，明年又看上一台轿跑，忍不住取用，发现账户是亏的，于是开始咒骂投资经理。养老金是一项长达几十年的投资，当年亏损与否并不重要，你需要关注的是长期表现。

我们已经通过资产配置、保险精算等方法，把悲观假设下的风险承担下来了。对于中高风险的养老基金，我们要淡化年度考核的要求，将考核期限拉长。

长期持有，而不是短期投资

为什么要长期持有呢？因为只有当你的持有期足够长，才有更大的可能去绕开回撤或者波动带来的下跌，让基金资产实现曲折上涨。

有公募 FOF 研究员曾经分析过一组数据：在成立满 6 年、年化收益率在 20% 以上且规模超 100 亿元的绩优基金中，它们遭遇最大回撤后回到前期高点所需要的时间占基金成立总天数的 37%，而最大上涨区间的时间占基金成立总天数的 22%，且该区间的涨幅对净值的贡献达 62%。

要知道，成立 5 年以上且年化收益率在 20% 以上的基金，都是公募基金行业里的佼佼者了，即使如此，这类基金也有 1/3 的时间在回本中度过，而它们 60% 以上的收益在 20% 的时间里完成。如果进进出出，最后的结果只能是收获下跌和亏损，而无法拿到本该属于自己的长期收益。

但我们也必须承认，基金，尤其是权益类基金的持有体验确实不好，这是不争的事实，哪怕选中了优秀的基金经理，也会经常陷入自我反问的困惑和彷徨里。如果你以养老为目的持有基金，一定要弄清楚长期和短期的区别。

很多投资者在持有基金的过程中，经常会遇到一些关键词：宏观经济、行业景气度、产业政策、情绪热度、流动性、风险偏好等。如此多的要素，哪个才是决定市场变化的关键？这就一定要结合投资的期限来看，投资期限不同，核心要素也是不一样的。

长期维度的核心要素是业绩增长。长期维度内，估值波动难以预测，业绩增长才是穿越各种波动的关键。业绩增长又可以拆成两个维度——业绩增长速度和增长质量（持续性和确定性），并且评估中增长质量的权重更大。公司或产业的可持续经营能力、穿越周期能力是评估长期投资的核心。基金经理会针对企业的价值提供大方向的判断，这才是渠道基金增值的核心要素。

即使如此，短期内基金也是存在波动甚至剧烈震荡的，因为短期维度主要考量的核心要素不是业绩，而是博弈与情绪。短期市场更多的是资金博弈与情绪交易，这两点受短期因素影响较大，不确定性较高，绝大部分的投资者都难以把握。举个例子：2020 年春节过后的第一个交易日暴跌，但仅仅一个交易日后，市场情绪就来了 180 度翻转。2021 年的春节，周边股市表现很好，大家对 A 股开市充满了期待，结果节后首个交易日就发生调整。短期内，基本面没有发生变化，但是投资者的情绪和市场资金却发生了转换和博弈。

综合来看，长期投资和短期投资对投资者的要求大相径庭：一个要求对基本面的深刻理解和坚定的性格，另一个要求对市场极度敏感、高效反应及快速执行的能力。所以，投资者应根据自身特点和投资期限去寻找适合的策略，进行专业的训练，成为一个成熟的、不会被市场左右情绪的投资者。

作为普通投资者，我们无须掌握晦涩而艰深的专业投资技巧，只需要做到三点即可。

第一，了解一些必要的基础知识。比如基金如何分类、不同类型基金的风险与收益的关系、持有基金的成本如何，诸如此类。

第二，认准帮你管钱的基金经理。人是投资的核心资本，你是否适合这个基金，很大程度上取决于基金经理的价值观和思考方式与你是否契合。

第三，对基金的短期业绩淡然处之。作为普通投资者，切忌过度关注净值波动和频繁申赎。最好的方式是每季度或每半年阅读一次基金公告，了解基金经理的运作思路。为什么涨？为什么跌？长期持有不代表不闻不问，定期梳理养老资产，有助于强化养老意识，将更多的精力投入个人的工作和生活中去。

须知投资是苦行僧一般的差事，大多数人也从中得不到快乐，不如让你的基金经理去“忍受”这样的折磨。

养老公募基金是一项长期投资，当你看到净值下跌或负收益一直持续，不要担心，毕竟你已经规避了老年风险（风险准备金），并配置了绝对安全的资产（终身养老年金和增额终身寿险），稍微宽心一些，静待花开即可。须知，连社保基金理事会和企业年金等大型养老基金，都是按照安全和风险共存的模式发展的，这应该足以安抚你焦虑的内心了。

最好别用 App

读了很多道理，依然过不好这一生。积累养老金就是一个生动的写照。刚建立第三支柱时，你会时不时想方设法地看看账户里的钱。但第三支柱的钱并不属于现在的你，只属于退休后的你。它现在如何，对你一点也不重要，因为你的日常开销、应急用款都和这些钱八竿子打不着。

在中国，买基金的方法主要有三种：

一是基金公司的直营渠道，比如自己的线下网点、官方网站等。

二是线下销售渠道，比如银行柜台、证券公司营业网点等。

三是第三方销售机构，比如基金销售公司等。

三种方式里，线下销售渠道占比较高，但正在逐步被第三方销售机构，尤其是互联网基金销售公司赶超，这里面耳熟能详的“玩家”有支付宝、微信理财通、天天基金等。

相信你手机里一定有微信、支付宝这两款 App，随手在上面买个基金，看似方便，但也存在许多问题。中国互联网飞速发展，信息流动性大大增强，我们对于基金的收益和净值也可以实现实时了解，这件事其实是一把双刃剑。我有一句口号：不用 App，坚定做 DC。

如果我购买这只基金是为了养老而长期积累，需要持有多年，我是不会选择这类 App 的。你可能会问，是因为我不喜欢支付宝和微信吗？不是，我是不希望自己过多关注持有的养老基金。我更建议大家在基金公司的官方 PC 网站——不是手机 App——买入并持有养老基金。这就叫作：不用 App。

基金公司的官网通常很难用，而且使用频率很低。买入后你几乎不会频繁登录官网后台。但如果你是通过 App 之类的平台购买的，动动手指就能看到涨跌，这种信息会极大地影响你的长期持有初衷，很容易动摇你的定力。

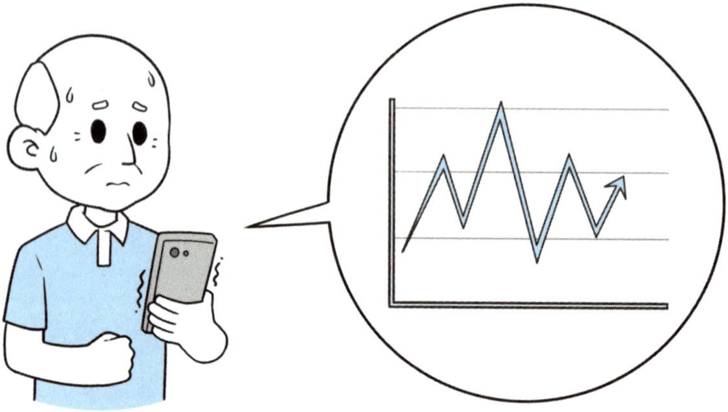

以支付宝为代表的互联网基金销售平台，还通过评论区、直播等形式吸引你积极参与讨论，分享你的涨跌数据。但我实在搞不懂，这有什么好讨论的呢？尤其是，别人的涨跌情况和我有什么关系呢？

那什么叫“坚定做 DC”呢？美国第三支柱养老金有个专属名词——“Defined Contribution”，DC 是它的缩写，这个英文的意思是“缴费确定型”的养老金缴费模式。它指的是缴费金额确定，但不要过多关注收益，通过长期持有，让每一笔投资都最终实现价值。我们在持有养老基金时，也要秉承 DC 理念——你需要记住的是累计投入了多少钱，淡化对每月、每年收益率的关注。

事实上，缴费确定型模式也是我们对待个人养老金的宏观态度。我在第三章也详细分析过，你可以再读一读。

扫二维码
观看相关知识

5.3 不想操心？试试养老目标 FOF 基金

> 帮挑帮管，风险可控，FOF 基金正好和养老资金的需求完美匹配。

对普通人来说，积累养老金不是一场投资比赛，非要较量出个输赢、高低。积累养老金的本质，是在不影响工作和生活的情况下，战胜消费欲望和暴富幻想，最终为未来的自己提供更高的生活质量。

没有人是投资专家，你的本职工作带来的劳动收入是贯穿人生最大的收入和财富，理财从来不是大多数人致富的途径，更何况养老理财。我们在之前的章节里介绍过不同类型的公募基金，分析过长期持有和持续定投带来的风险和收益，无论哪种方法，都需要或多或少的专业技能和精力投入。

如果我实在没有时间，也不想操心，有没有“傻瓜”一样的养老基金投资方式？养老目标 FOF 基金，可能是一个不错的选择。

什么是养老 FOF？

搞懂养老 FOF 基金，必须先搞懂 FOF。FOF 是“Fund of Funds”的缩写，意思是买基金的基金。首先，它是个基金；其次，FOF 并不直接投资股票或债券，而是通过持有其他基金从而间接持有股票、债券等证券资产。FOF 的基金经理就像撮合饭局的社交牛人，他大概知道你的口味和偏好，直接帮你挑选适合你的基金，有点类似于买手的角色。

持有多只基金，降低了单只股票或债券的比例，最终带来的是更加分散的资产配置，投资分散化，注重风险控制，是 FOF 最大的特征。即使是偏激进的 FOF，回撤、波动率也是重要的考量指标。

帮挑帮管，风险可控，FOF 基金正好和养老资金的需求完美匹配。养老 FOF 基金又可以分为目标风险基金（TRF）和目标日期基金（TDF）两种。

目标风险基金是指投资人根据不同的风险承担能力进行资产配置，在持有期间内，投资组合风险基本不发生变化。目标风险基金应当明确风险等级及其含义，根据风险等级不同，目标风险基金可分为积极型、稳健型和保守型，风险依次递减。具体的风险等级，必须在基金产品说明书中注明。

目标日期基金对待风险的态度相对灵活，采用动态管理，随着所设定退休日期的临近，基金会逐步降低高风险权益类资产的配置比例，比如股票、股票型基金和混合型基金。假设你购买了一个名为“2035 目标”的风险基金，则意味着你默认自己会在 2035 年退休，基金经理就会在2030年左右降低权益类资产，避免大幅波动或者回撤，哪怕错过这5年的投资收益也无所谓，毕竟你已经快退休了，让养老钱安稳落地，才是重中之重。而这种随着退休日的临近不断下降的权益类资产占比，也被称作下滑曲线。

以某款2018年上市的养老目标FOF基金为例，在其产品招募说明书中，围绕下滑曲线，基金设定了权益类资产占比的上限和下限。

不同下滑曲线值对应的权益资产比值					
年份	下滑曲线值	权益类资产占比	年份	下滑曲线值	权益类资产占比
2018	49.41%	39.41%～59.41%	2030	21.35%	11.35%～31.35%
2019	47.18%	37.18%～57.18%	2031	19.85%	9.85%～29.85%
2020	45.05%	35.05%～55.05%	2032	18.35%	8.35%～28.35%
2021	43.15%	33.15%～53.15%	2033	17.07%	7.07%～27.07%
2022	41.35%	31.35%～51.35%	2034	15.90%	5.90%～25.90%
2023	39.67%	29.67%～49.67%	2035	14.84%	4.84%～24.84%
2024	35.40%	25.40%～45.40%	2036	13.88%	3.88%～23.88%
2025	32.70%	22.70%～42.70%	2037	13.04%	3.04%～23.04%
2026	29.88%	19.88%～39.88%	2038	12.19%	2.19%～22.19%
2027	27.23%	17.23%～37.23%	2039	11.46%	1.46%～21.46%
2028	25.29%	15.29%～35.29%	2040	10.84%	0.84%～20.84%
2029	23.18%	13.18%～33.18%	2041及其后	10.00%	0.00%～20.00%

在基金建立初期，权益类资产的占比在40%～60%，随后近乎匀

速下降，在距离退休还剩 10 年时（2025 年）降至 20%～45%，在临近退休时降低至 20% 以内，甚至逐渐清仓权益类资产。

用下面这个趋势图来表达，也许更加通俗易懂。

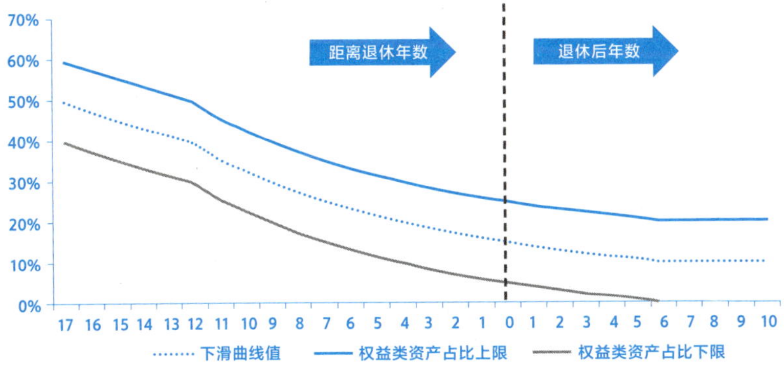

下滑曲线和退休年龄二者关系图

下滑曲线的存在也决定了基金的业绩基准，基金以“沪深 300 指数收益率 × 下滑曲线值 + 中债综合指数收益率 ×（1- 下滑曲线值）”作为业绩基准，随着基金成立时间的增加，业绩参考基准的收益率波动逐步降低，风险也随之减小。

最知行合一的基金

每个人都希望在若干年后，当我们荣耀退休、回首往事时，能自豪地说出这句话：我是一个成功的投资者。

但首先我们要搞清楚一个问题：什么是“成功”？对于养老基金

投资行为而言，我倾向于把成功定义为：投资者最大限度地获取了所投基金的总回报率。

这句话听着有点拗口，我们可以在脑海里幻想 3 个老头：

老头 1：成功找到了年化收益更高的那只基金，并长期持有。基金赚了多少钱，他就赚了多少钱。

老头 2：成功找到了年化收益更高的那只基金，但未能长期持有，稍微跌一跌就割肉离场了。最终基金赚钱了，但他没赚钱。

老头 3：所投基金的年化收益仅排在中等水平，但长期持有。基金赚了多少钱，他就赚了多少钱。

老头 1 似乎是所有人心中的赢家，配得上“成功”二字。但老头 3 难道不算成功吗？

很多人都会马后炮地告诉你：“当初你还不如买某某基金呢！”这句“事后诸葛亮”的表达在不经意间暴露了一个真相：当初。当初之事，无法假设，既然无法假设，便不应作为分析规划的依据，更不能成为影响自身判断的理由。

我们每个人之所以选择基金作为稳健资金池的一部分，是为了花最少的精力（甚至几乎不花费精力），通过长期持有，在资产安全的基础上博取更高的收益。时刻牢记这一点，这是认识养老基金的核心。

美国的目标日期基金之所以成功，并不在于它的投资策略有多么高级，而是在于它通过科学设计，让民众可以长期持有，几乎不去关心波动和回撤。

基金持有者的收益和基金的实际收益之间是什么关系呢？其实很好理解。当持有者由于冲动而高买低卖时，他们的平均回报率会低于基金的实际收益。反之，如果投资者能力很强，可以测算出低买高卖的时间点，他们的平均回报率甚至会超过基金的实际收益。这就是我们所说的“逢低捡钱、逢高出货”。

研究者调研了1998—2018年美国目标日期基金的数据，发现了一个有趣的结论：24年里，投资者成功捕获了大部分目标日期基金的总回报。也就是说，平均来看，选择养老目标日期基金的投资者取得的最终收益率，既不高于也不低于基金收益率。在漫长的岁月里，投资者的到手收益和基金的实际收益基本相伴而行[①]。

这是一个令人振奋的结论，因为个人第三支柱的最大价值是：在不影响本职工作，且无须投入过多额外精力的情况下，实现养老金兼顾安全和增值的既定目标。

回头重新审视养老资金池的安全问题，我们可以用增额终身寿险和中短期债券基金做打底，增值问题我们可以交给权益基金、混合基金和养老FOF基金，其中最让人放心的就是养老FOF基金。难怪在美国的第三支柱IRA里，养老FOF基金是非常主流的基金选择。

多一些宽容，多一些时间

2018年，中国的养老FOF基金正式上市，但一直不温不火。上

① 当然，严格来说，现金流加权平均回报率每年略微落后于基金总回报率，但差距仅为0.3%，相较于其他类型的基金资产，这个差距属于非常非常微小的了。

市 1 年后，80% 的养老 FOF 基金规模不足 5 亿元。即使你严谨而冷静地对自己说：别慌，它需要时间。但在中国的这个喜欢以规模论英雄的公募基金市场里，这样的数据着实让人有些尴尬。

作为公募基金的新生儿，养老 FOF 基金还处于起步阶段，因此难免有不少非议。其中最重要的一条就是，既然是综合资产配置，养老 FOF 基金能不能拓宽自己的投资范围，除了基金、股票和债券以外，把商品、期货、衍生品等资产也纳入投资组合，这样可以进行风险对冲，真正实现资产多元化，实现风险的合理分摊。但投资范围的拓宽需要综合考虑基金规模、成立时间和社会认可度等因素。

回望历史，在美国这个养老 FOF 基金规模最大的市场，养老 FOF 基金的发展起初也并不是一帆风顺的。20 世纪 90 年代中期，定位为养老理财的目标日期基金正式上市，起初也是不温不火的，但 2000 年纳斯达克互联网股票泡沫破裂，出于对大幅回撤和极端风险的担忧，人们开始关注波动较小、相对平稳的养老 FOF 基金。但这还不是推动其发展的核心因素。

真正关键点在于 2006 年。当年，美国国会通过了《养老金保护法案》，将美国第二支柱里的“401k[①] 计划”设置为默认参加，即在你加入一家公司时，就自动开启养老金的扣款流程，如果不想参加，需要填写许多复杂晦涩的表格，相当于设置重重障碍，就是逼着你参

---

① 指美国在 1978 年《国内税收法》第 401 条新增的 k 项条款，因为“401k 退休计划”涉及证券投资、所得税等问题，所以美国税务部门专门在 k 项条款部分为此制定相关条例，于是被广泛称为“401k”。

加。该《法案》带来的长期效果十分显著，2005 年时 TDF 规模仅为 700 亿美元，到了 2018 年这个数字已经突破万亿。

默认参加、自动扣款，在自由主义和个人主义盛行的美国，人们之所以能“容忍”这样的事情发生，很大程度上是因为美国企业和个人无须在第一支柱上承担过高的成本。

起初，养老 FOF 基金可以配置的资产类别受到严格限制，境外股票和部分债券都不能投资。但随着 TDF 逐步积累可观的资金，获取了大量的长期资金，反过来倒逼监管放开投资限制，并不断完善监管制度。随着更多的人愿意把钱投入养老 FOF 基金，这个新生事物最终正式进入了“鱼生水，水生鱼”的正循环。

养老 FOF 基金可能让你错过大涨，但更有助于帮你躲过大跌。养老 FOF 基金控制回撤和波动，更有助于让你长期持有，有效解决买基金“口嗨”的人性弊病。

摆在当前中国养老困境面前的解决路径有两个：

第一个：在安全资产打底的情况下，主要配置高风险、高波动的权益基金，通过低买高卖等高水平操作取得高额收益。

第二个：在安全资产打底的情况下，先逐步接受并认可养老 FOF 基金。随着了解的深入，如果你觉得自己很牛，你可以亲自下场。

第一个路径是比较理想的，但大多数人不具备这样的能力，即使不做择时、长期持有，也大概率会由于基金的震荡波动选择离场，导致前功尽弃。基金可能赚钱了，但基金客户却没赚到钱。

很显然，第二个路径可能更容易实现。

在我的第三支柱里，公募基金累计投入了 100 万元，约占个人养老金投入的 1/3，其中近一半的资金被配置为养老 FOF 基金。简单换算一下，养老 FOF 基金在我的整个第三支柱里占比约为 15%，总投入在 45 万元左右。

一口气吃个胖子是不可能的，但只要踏上了正确的旅途，哪怕起步慢一点，大方向也不会错。

5.4 为什么不炒股？为什么不买私募？为什么不……

> “随着经济周期、产业升级、社会结构变化，曾经你眼中的高价值资产很有可能发生改变。就算选中了好公司，也需要经历也许会无比漫长的等待和巨浪滔天的回撤，不是所有人都能熬到收获的那一天。”

很多中国老百姓喜欢炒股。如果只是花点钱玩一玩，刺激一下你的多巴胺，那无可厚非。但如果你希望通过炒股来解决养老问题，槽叔并不推荐。

同样不推荐的，还有私募基金。对个人来说，股票也好，私募基金也好，都需要极高的投资能力和风控水平，还要投入大量时间来做基础研究和调整策略。

对普通投资者来说，配置个人养老金，要明确什么是底层资产、什么是中间资产，充分利用中间资产提供的专业性和契约性，让自己享受到养老金受托服务带来的收益和价值。

炒股：能力范围之外的钱，不要碰

如果一个人喜欢炒股，天天都盯着股市，而自己的工作和炒股没什么关系，这足以证明这个人工作不饱和，生活也没什么趣味。如果我是老板，遇到这样的员工一定会把他拉到会议室里聊一聊。

为什么不建议直接持有股票呢？

第一，对个人来说，股票投资和股票类基金完全是两个概念，不可混淆或等同。个人的资金量非常有限，往往无法在股票市场实现分散投资。而权益类基金可以持有多家公司的股票，通过持有基金份额来实现分散风险的目的。

第二，权益投资的本质是挖掘股票的长期价值，需要专业的知识储备、深度的基本面研究能力和严格的投资纪律性，个人投资者不管是在执行力还是在专业度上，都和机构投资者存在明显差距，往往会在股票的追涨杀跌和震荡波动里被扫地出场。

炒股的背后，是暴富的梦想。很多时候，炒股变成了一种合法的赌博。我们经常听到“散户”这个词，它和“炒股”都恰如其分地体现了背后的深意。“散户”的“散”看似指的是钱，实际上指的是心态——没有一以贯之的投资逻辑，没有系统的买入卖出原理，闲云野鹤般地对待自己手里的零散资金。赚了喝点茅台，亏了关灯吃面，一个工作不饱和、终日不管妻儿老小的中年油腻男子形象跃然纸上。

“炒股”一词就更是如此了。“炒”字本身就隐含着投机，与养老金所强调的长期持有背道而驰。

那如果我不炒，长期持有某只股票，是不是就可以了呢？好，我们假设你可以做到坚定不移地卸载万德、同花顺等股票 App，坚持每个工作日都不看股票行情，每天早起大喊“长期持有，不看短期”的口号。然后我们再来分析长期持有个股的效果。

既然是长期持有，那必然意味着你看好这家企业的长期价值，但问题是，选中好公司，并不是一件容易的事。因为这基于你对宏观、行业、公司的三维认知——你既需要知道宏观经济趋势和货币政策，也需要了解公司所在行业的长期发展趋势，更需要深入公司财报和实际业务中，了解它的行业变化和盈利模式。这样的高标准、严要求，许多投资经理都做不到，何况普通老百姓呢?

有人会充满自信地说：“如果我当年趁着腾讯股票还便宜的时候，持有腾讯，坚持 10 年，不仅养老解决了，我甚至还财富自由了呢。”事实上，这种“事后诸葛亮”的观点很难在实践中提供帮助。我们总是以现在的认知来评估多年前的场景，这种假设没有什么价值。而且即使是腾讯的股票，你也不能完全保证在长达几十年的时间里它永远值得持有。企业价值会随时代进程而不断变化，你很难确保这只股票可以在长周期里跑赢。最早在上海证券交易所上市的股票共有 8 只，它们就是曾经在中国资本市场叱咤风云的“老八股”。如果你在股票上市初期就介入，坚持到 2000 年，你收获丰厚。但如果你从 2000 年开始持有，坚持到现在，赚钱和赔钱的概率是相等的。

再举个尽人皆知的例子：乐视。乐视曾经是大家公认的好企业，但如果你 2015 年选择满仓乐视并坚持持有到现在，你的账户只能用惨淡来形容。而且别忘了，你是准备拿它当养老钱的。

如果你希望通过持有多只股票来组合配置、降低风险，那么本质上你已经接受了公募基金是一种合理的资产配置方式了。随着经济周期、产业升级、社会结构变化，曾经你眼中的高价值资产很有可能发生改变。就算选中了好公司，也需要经历也许无比漫长的等待和巨浪滔天的回撤，不是所有人都能熬到收获的那一天。

而公募基金本身具有一定的择时功能，基金经理作为长期观察行业、紧盯数据的专业投资人，会结合最新情况调整仓位，在大熊市的环境下也会努力维持较低的回撤。

私募基金：少数人的游戏，不能抄作业

和公募基金相反，私募基金不能公开向全社会募集资金，募集对象仅限于合格投资者。私募基金通常会设置较高的起投门槛（比如单笔金额 100 万元起），且要求投入金额不超过可支配资金量的一定比例，确保投资人不会因为巨额波动甚至亏损而蒙受超过承受能力的损失。说白了这就是“穷人别碰”的一种友好表达。假设我有 1000 万元可投资金，将其中 150 万元投入私募基金，哪怕这 150 万元亏损了 40%，我的总资金依然有近 900 万元。但对于手头只有 100 万元的投资者来说，如果 all in（全部投入）私募基金，碰上相同的情况，面临的就是资产近乎腰斩的窘境。

按投资方向划分，私募基金可以分为一级市场私募和二级市场私募两类。一级市场私募指的是面向未上市企业的定向投资。私募基金经理看好某家企业的成长性，在企业成立初期或早期就入股投资，如

果企业顺利上市或被收购，则私募基金就有机会获得超额收益。试想，如果某私募基金投资了早期的京东或者阿里巴巴，待到上市，持有该私募基金的养老基金一定也会获利颇丰。但对企业的判断要结合宏观经济、行业趋势等综合要素，最终能产生超额回报的公司只是少数，一将功成万骨枯，在收益背后还蕴藏着巨大的风险和不确定性，因此我们也将这类私募基金称作风险投资基金。二级市场私募和公募基金类似，都是以股票市场、债券市场、商品期货市场为主的投资基金，但在策略上更加丰富，可投标的对象也更多，可以通过对冲、做空等方式博取更高收益。

但还是那句话：不能被“高收益”这三个字遮蔽了眼睛，而忽略了其他更重要的信息。投资二级市场的私募基金，看似能挣得更高的 Alpha 收益，实际上你需要牢记两点。

第一，私募基金收费较高，管理费高达 2%，按年计提，还有动辄不低于 20% 的业绩报酬（部分量化私募基金甚至会达到 50%）。和公募基金比起来，私募必须确保实现更高收益，锁定更多 Alpha 收益，才能实现对成本的回摊。

第二，有些 Alpha 收益，是披着 Beta 收益外衣的假 Alpha 收益。当一个私募基金号称自己收益为正且颇为可观时，要区分这个收益到底是资本市场整体行情上涨带来的，还是自身投资策略有效所带来的。市场上不乏所谓的明星私募，拿着高额管理费，却常年满仓，很少调仓，也不采用量化策略和对冲工具，整体思路和同类规模的公募基金并无本质区别，这类现象在一些规模足够大、喜欢“吃老本”的私募基金组合里尤其明显。

说了这么多，只是为了强调个人在挑选私募基金时会面临巨大困难，超越了普通人的能力和认知。但公允地讲，槽叔并不是想一棒子否定私募基金在养老金里的定位，在养老金里配置一些私募基金并非新鲜事。从2000年起，美国联邦政府和部分州政府的公共养老基金，宣布将私募基金纳入投资范围。从全球范围来看，北美、欧洲地区的发达国家的第二、第三支柱，都会配置一定比例的私募基金。私募基金的重要资金来源，也是公共养老金和个人养老金。

将目光拉回来，中国的个人养老金也在探索投资私募基金。在这方面，寿险公司探索得较早。寿险公司不仅可投资金量较大，资金期限也相对更久。作为LP① 的寿险公司可以出于自我保护，对私募基金的运作提出个性化的退出机制。如7年内仍未上市，则私募基金管理人必须按年化5%的复利回购股份，从而确保寿险公司的资金可以按期全身而退。相比之下，个人就没有这样的优势了。

投资前先分清这两样

市面上和养老相关的理财产品类型众多，许多客户都对我们说：刚开始是完全不知道要设立个人养老金，一旦决定设立就会在各种理财产品之间游走，最后眼花缭乱，而且一旦乱买一气就会乱上加乱。

① LP，是Limited Partner的缩写，在这里指的是私募基金的有限合伙人。通俗地说，就是只出钱、不出力（研究或分析）的机构投资人，比如这里提到的寿险公司。

事实上，抛开所有与养老相关的金融产品的名称不谈，我们仔细想想：其实所有的理财产品，穿透到底层，都离不开下面这几类资产。

债券：对借款人的债权。

股票：对企业的股权（所有权）。

货币：对现金和现金等价物的所有权和交易权。

我们将上述资产命名为底层资产。而保险、基金、信托、银行理财，都是对底层资产的组合、持有、动态分配，然后结合自身的独特优势，提供额外的增值或者附加价值。我们可以将这类金融产品命名为中间资产。

当我们希望搭建个人养老金时，如何看待底层资产和中间资产？很简单，把握 18 个字的核心目标：

确保绝对安全，再去博取收益，全程减少精力。

“确保绝对安全”这个目标，只有货币和部分债券（国债）可以实现。但只是持有这些资产，收益率会持续走低，如果想增加一些收益，配置利率更高的企业债或者信用债，往往又要承担违约风险，损失本金。因此，为了实现这个目标，你需要金融自购建造中间资产来实现。最好的选择就是养老保险（终身养老年金和增额终身寿险）。保险公司通过动态配置不同类型的债券，外加少量的股票资产，确保在封闭期之后，实现每年正收益且长期正收益，并且还要将正收益这个约定写入合同，形成法律约束。这是其他任何金融机构都无法提供的行业优势。

说完绝对完全，再说博取收益。所有你口中的高收益理财，无一例外都是通过持有股权来实现的。高收益的另一面是高风险，我们希望获取高收益，但养老金的特殊性让我们必须正视风险，防止被风险反噬。因此，股权投资能力最强的细分行业，非基金莫属了。目前在中国金融行业中，公募基金是最有可能赚取 Alpha 收益的细分行业，在人才梯队建设、投资管理方式等方面都具有独一无二的优势。

至于“全程减少精力”这最后一个目标，自然意味着要避免直接持有底层资产，通过委托细分赛道上的合适人选，减少精力投入，让受托人（寿险公司、公募基金）实现客户的最大利益。你的养老钱，要么放在寿险公司，要么放在公募基金，对大多数人来说，这些都是最好的选择。

06

量身定制
你的养老方案

6.1 体制内：审慎乐观，按需补充

> “我问了身边渴望进入体制内的人，最吸引他的是什么。除了收入稳定、可以‘躺平’之外，大家提到最多的竟然是这个：养老有保障。”

槽叔团队经纪人：“交够国家的，留够集体的，剩下的都是自己的。”

客户 A（央企员工）：“你是说改革开放后的家庭联产承包责任制吗？我们单位的党课最近正好学到这段历史。”

槽叔团队经纪人：“不，我说的是你的养老金规划思路。”

——题记

真实案例

张女士今年 35 岁，就职于沿海某省省会城市的地方国企，属于能源行业，税前月薪 15000 元。企业足额缴纳社保，并按单位 5%、个人 1% 的比例缴纳企业年金。

张女士在 30 岁时加入企业年金计划，考虑到延迟退休政策，假设 58 岁退休，张女士可以在 58 岁时领取一笔企业年金，金额为 45 万～55 万元。考虑到避税需求，假设按每月 5000 元领取计算，不考虑企业年金账户余额的涨跌情况，预计可以领取 10 年左右（仅为假设预测）。

企业年金既不能一次性全额取出（个人所得税太高），也不能实现终身有钱领（余额终究会被领空），所以张女士依然需要参考养老金黄金三角的思路，补充个人养老资产。

第一，张女士将每月 2000 余元，以强制储蓄的方式投入终身养老年金中，可百分之百实现 60 岁起月领 4000 元。这样一来，58 岁到 68 岁每月可以有两笔收入，一笔是企业年金的 5000 元，另一笔是终身养老年金的 4000 元。68 岁之后，企业年金全部领光了，但另一笔终身养老年金（4000 元）依然会持续派发。和社保养老金形成两大终身现金流。

第二，张女士从每年的年终奖里拨出 3 万～4 万元，将其规划为风险准备金和稳健资金池，预计总投入为 80 万元。

客户画像

截至 2021 年年底，我们服务且成交过的体制内客户共有 648 人。其中央企、国企员工 405 人，占比约为 63%，企业年金覆盖率约为 75%；公务员 152 人，约占 23%；其余客户均来自事业单位（高校、卫生系统较多），约占 14%。在 648 人中，税前年收入中位数为 18.4 万元，平均数为 25.2 万元。

2020 年，由于新冠肺炎疫情的冲击，很多行业都面临回调或修整，但有一个行业逆流而上，那就是公务员考试（公考）业务。某家上市教育公司的财报显示，2020 年该公司的公考业务线收入同比上涨50%。如果这两年你在抖音、小红书等年轻人扎堆的 App 搜一搜，就能发现有不少“上岸”的人。

我问了身边渴望进入体制内的人，最吸引他的是什么。除了收入稳定、可以“躺平”之外，大家提到最多的竟然是这个：养老有保障。

中国人特别喜欢讨论“体制”这个词。随着宏观经济的波动和就业市场的冷热变化，“体制”这个词总是被拿出来热议一番。

如果说口红效应是西方的经济晴雨表，那么体制效应则可以称得上中国的经济晴雨表——当经济高速发展、各行业蓬勃开拓时，“体制”是一个中性偏负面的词，似乎有抱负、有闯劲的人都应该离开满是束缚的体制（参考当年的创业大潮）；然而一旦经济趋稳或者面临下行风险，就业压力增加，体制又成了众人心皆向往的温柔乡。

不管你是政府公务员，还是事业单位职工，抑或是央企、国企的打工者，在我眼里，你都是体制内的一分子。

“体制”这个词，喜欢它的人喜欢得要命，觉得终身无忧、安稳祥和；嫌弃它的人认为蹉跎岁月、收入有限，看似收入稳定，但实际上低得可怜，有时候甚至由于财政不足连工资都发不出来。

个人的观点往往是对全貌的局部呈现，这一节也并非要讨论体制的样子。我们只是讨论一个简单的问题：体制内的人，如何更好地积累自己的养老金？

体制内养老，有什么优势？

谈到养老金，体制内的福利主要有二。一是职业年金，面向机关及事业单位群体；二是企业年金，央企和国企比较普遍。

职业年金和企业年金并不能等同。

第一，职业年金覆盖群体更广。由于职业年金具有“自动加入”（准强制性）的特点，所有在编机关事业单位工作人员自动加入职业年金。而企业年金面向国营、私营、外资等所有类型的企业，属于自愿加入的养老金机制。截至 2022 年一季度，面向机关事业单位的职业年金参保人数约为 4300 万人，企业年金参保人数仅为 2900 万人。[①]

第二，缴费规则不同。职业年金缴费比例是全国统一的，一律按单位 8%、个人 4% 的比例缴纳。而企业年金相对复杂，要参考职工工资和企业盈利水平。

第三，确定性不同。单看前两条，你可能会觉得职业年金远胜于企业年金。但我们在第三章详细分析过职业年金的空账问题，短期内无法解决，长期依赖财政补贴，加上收入增长和记账利率等原因，空账只会越来越大。一些财政本身就紧张、靠转移支付才能发出社保养老金的地区，在职业年金的按时足额发放上长期面临压力。

而企业年金皆为实缴实付，基金稳定性更高，个人归属权也更清晰，属于完全市场化行为。从人均保有量来看，职业年金僧多粥少，而企业年金的人均积累额高达 5 万元，显著高于职业年金。

“福利”二字，冷静看待

你以为你看到的第二支柱的样子，就是第二支柱的样子吗？很多人对第二支柱完全不了解，只知道单位有缴纳补充养老。这时候我们的养老金顾问会建议先明确几个问题：

---

① 数据来源：郑秉文《中国养老金发展报告 2020》第 203 页，经济管理出版社，2021 年 2 月版；国务院政策例行吹风会；人力资源和社会保障部《全国企业年金基金业务数据摘要（2022 年一季度）》。

1. 所谓的补充养老到底是什么？是企业年金还是职业年金？

2. 如果是职业年金，是否有实缴记录？是否还存在空账问题？

3. 如果是企业年金，是否读过《公司企业年金方案》？是否明确过领取规则？是否有可预测的年金转换率？

诸如此类问题。我们在附录里提供了一份企业年金受托管理合同的范本，非常有助于你理解企业年金。

虽然企业年金公司缴纳 8%、个人缴纳 4%，但按这个标准全额缴纳的公司不多，最常见的比例是公司 4%、个人 1%。按这个比例积累的额度和速度，最后转换成退休后的每月工资，很难达到预期。

此外，如果你是“中人”或“老人”，务必关注过渡政策。所谓的“中人”和“老人”并没有明确的官方定义，主要由各单位自行制定规则。如某企业 2018 年实施企业年金，同年，将 2020 年及之前已经退休的人称为“老人”，将 2021—2030 年间退休的人统称为“中人”。

举个真实的案例。某企业在设立企业年金时做了如下规定：

“老人”基本没有缴纳企业年金，但考虑到“老人”中包含了老领导、老干部，为了使其依然能享受补充养老金的福利，内部通过额外设立退休金补贴的方式来发放。“中人”虽然参加了企业年金，但缴费年限不长，短则 3 年，长则 12 年。无论是从积累额还是从积累时间来看，单纯依靠企业年金都无法提供足够的养老金补充，因此单位可能会通过提供少量退休金补贴的方式，来为“中人”提供养老收入。

在真实世界里，职工对这类规则不甚了解，一旦发现背后运行的规则，宛如刘姥姥进大观园，除了感叹制度之严谨、逻辑之缜密之外，更看到了背后的利益纠葛——如果你是 2031 年退休的“新人”，当你得知公司的这个制度，会不会内心有说不出的滋味？

但无论如何，接近世界的真相，都有助于你更好地规划养老生活。

保持心态，学习方法

严格来说，体制内养老待遇好，不是待遇好，是待遇制度设计得好，可以实现较强的满足感。

体制内，尤其是机关事业单位有一个隐性福利，我把它称为“欲望杀虫剂”。意思是只要你进了体制内，会不自觉地降低开销。比如衣食住行方面，工服、食堂、宿舍、班车，给你安排得明明白白。想展示自我？不允许，也没必要。所以你花钱的地方就少，长此以往，花钱的欲望也会减少。这就是为什么很多人进体制之前活蹦乱跳，进去之后开始养生理疗。

体制内部分从业者对于自身的职位升迁并没有太大的追求。有学者曾做过相关研究，以政府工作人员为例，庞大的群体中县处级及以上的干部大约只占 1%，平均来说，一个县里所有的正科级干部中，每年晋升副县级的概率大约为 1%，从副县级到县委副书记，还要经历好几个岗位和台阶，动辄数年乃至数十年。[①]

在这样的背景下，大多数工作人员最在意的激励政策还是以稳定

---

① 见兰小欢《置身事内》第 108 页，上海人民出版社，2021 年 8 月版。

的福利和收入居多，如工资、奖金、补助、食堂、办公条件等。而作为个人收入最重要的组成部分，补充养老金（职业年金）则成为很多人眼中不可多得的福利，哪怕这个福利可能要递延到退休之后才能享受得到。

企业年金也好，职业年金也罢，都是一种额外补充，但目的性不够明确。以企业年金为例，到底是现金流还是资金池？都不是。作为现金流，企业年金的领取金额无法确定，只能在退休时结合账户余额来计算，还要考虑个税情况，不能领得过多。作为资金池，一次性领取扣税过多，且领取后面临再投资风险，即钱怎么安置才又安全又能持续增值。因此，体制内从业者在预算充裕的情况下，依然要参考黄金三角理论积累个人养老金。

我们见过上百份企业年金方案，公允地说，其实缴费金额并不高。大多数企业的企业年金都不会按顶格去缴纳。人性的本质是，哪怕钱不多，只要免费或者打折给你，你就开心得要死。反之，如果是需要你靠自己的努力获得的，哪怕收益更高、结果更好，你也会吹毛求疵，各种挑毛病、各种看不上。总之，体制内的补充养老其实就是帮你储蓄，做一些简单的投资，没什么大不了的。但我还是觉得这个制度很牛，牛在哪儿呢？就四个字：强制储蓄。

你每个月攒得不知不觉的。收益如何？你不知道。以后能变成多少钱？你不知道。反正就攒着吧。这样你才会在55岁或者60岁退休时，仿佛打开了一个盲盒，而且感觉自己没花钱。这就构成了体制内的快乐源泉。

我一直强调，在养老金积累过程中，最核心的能力叫作忘记攒钱。什么意思呢，就是我每个月攒两三千元，放到市面上最好的养老保险里，然后我忘记它，全身心地投入工作。这相当于我借鉴了体制内的认知优势，同时还获得了竞争市场下的优秀养老产品。如果你用这种心态去面对自己的养老保险、养老基金，那你一定会战无不胜。我就是这样做的，具体心得，我会在下一节分享。

扫二维码
观看相关知识

6.2 体制外：只有自己才能拯救自己

> 很多就职于私企、外企等体制外的人都有一个模糊的认识：反正我交了社保，养老有着落。但稍微一聊就会发现，他所说的‘交了社保’，指的是按最低标准交。

真实案例 1

贺先生 37 岁，在长三角从事外贸出口工作，是一家 20 人外贸公司的合伙人。2017 年创业之前，贺先生还在一家事业单位打工，那时他一个月的工资是 14000 元。

现在贺先生的年收入约为 75 万元，约合每月 6 万多元。但为了节约人力成本，贺先生的社保养老金只是按最低基数缴纳的，造成养老金储备大幅降低，长期来看存在巨大的养老缺口。

虽然赚得更多了，但贺先生对养老却更焦虑了。对个人养老金规划来说，我们的第一剂解药就是：忘记当下的收入，找回当初的自己。

当月薪是 14000 元的时候，每个月单位和个人缴纳的社保养老金、职业年金加起来4000多元。现在月收入增长至五六万元，反而不怎么攒养老金了。在养老这件事上，5年后收入更高的贺先生还不如5年前收入更低的自己。

在个人养老金规划上，贺先生侧重风险准备金和稳健资金池，分别计划投入60万元和300万元。风险准备金数额较高，主要由10万×5年的抗通胀基金组成，因为贺先生的医疗险涵盖了私立医院和公立医院国际部，所以保费较高，尤其是到65岁之后，保费上涨速度加快，需要足额的抗通胀基金驰援。

贺先生对终身现金流投入较少，因为他自认为家族没有长寿基因，退休后从稳健资金池里支取生活费。即使只能支撑到80多岁，也足以满足退休生活了，同时还能兼顾一定的流动性。

真实案例2

39岁的王大姐两口子2014年来京从事蔬菜零售工作。两口子税后年收入35万元。在养老金储备方面，夫妻二人每年拨出7万元作为养老金储备，主要为个人第三支柱。

其中，终身养老年金每人每年15000元，60岁起年领26000元。增额终身寿险，王大姐做被投保人，每年2万元，60岁时可保证取出60万元；公募基金放在丈夫名下，每年2万元，长期持有，期待获得更高收益。

与此同时，由于两口子肯定是要回老家（保定）养老的，所以居民养老金也一并在老家做了补充（河北保定居民养老金，每人每年3000元，属于中档水平）。

客户画像

截至2021年年底，我们服务且成交过的体制外客户共有1941人，其中有固定工作的群体约占79%，灵活就业人员约占21%。在1941人中，税前年收入中位数为15.2万元，平均数为37.8万元[①]。

我的亲身经历：从体制内到体制外

毕业后我加入一家大型金融保险央企的总部，3年后因个人职业发展离开。职业习惯让我对个人的养老问题格外关注，在养老金这件

① 体制外客户包含企业主和企业高管人员，所以拉高了平均收入，平均收入数据具有一定的失真性。

事上，我给自己定了一个简单易操作的 KPI：不能比过去的自己差。

离职前，我的月薪是 10216 元。离职后，新公司的月薪是 17000 元。在第一支柱社保养老金上，我确实交得更多了。但从第二支柱来讲，我瞬间“裸奔”了——我入职的这家新公司，没有企业年金。

之前交了多少企业年金，我已经不关心了，毕竟工作才 3 年，而且只有个人账户的属于自己，金额也少得可怜，我索性就当这笔钱不存在了。我要做的是，通过自己单独积累，把养老这件事延续下去。回头来看，我大约是在 27 岁时就开始积累个人养老金了。

我给自己设立了一个“假想敌”：一个没有离职、仍在原单位工作的自己。在原公司，我每个月要缴纳 1100 元的企业年金，如果我奋斗 10 年，晋升中层（处级），我的企业年金缴费金额还会继续增加。我只要能锚定这个趋势，自行积累养老金，我的养老收入就不会比另一个平行世界里没有离职的自己更差。

说实话，这样的想法有一些赌气的成分在——当时我的父母不希望我离开央企，总是试图用所谓的福利、安稳说服我，久而久之，我内心难免也有顾虑甚至动摇。后来我想通了，其实许多所谓的福利都可以量化成市场经济下的第三方服务，比如食堂，比如企业年金。既然如此，我只要时刻拿另一个平行世界里的自己作参照物，许多问题可能就会有解决的方向。

这种基于自身的对比超越了焦虑和内卷，能让人更容易看清自己最纯粹的欲望和需求。

每个月强制划转 1000 多元作养老金，当时我还是有点排斥的，毕竟用钱的地方很多，但我的想法很简单：我不能比过去的自己还差。其实除了养老金，我还系统地分析了央企和新公司的员工团体保险，找出两者的差别，也做了补充。现在看来，我的行为只是为了解决兜底机制。脱离体制内的第一件事，不是站在旭日里大喊“我要创造新世界”，而是把当初体制带给你的兜底机制做好了置换。

所以如果仔细算账，虽然工资涨了，但我并没有感觉自己更有钱了。

第一，我需要自掏腰包来完善养老金和补充医疗。第二，工资涨了之后，我的消费习惯无形中受到了影响，生活开支显著提高。我清楚地记得，我的信用卡（是的，那时候我还用信用卡）月度账单在入职新公司的次月翻了一番。新工作需要更多的社交，再也不是躲在格子间里自给自足的职场新人了，花钱的地方也不经意间多了起来。

职业生涯的变化倒逼我想办法解决养老金积累问题，但回头看几年前的我，对于个人养老金并没有体系化的认知，唯一知道的就是每个月发工资后就转 1000 多元到银行理财产品上——在银行柜面签过一个代扣协议后，每个月往里打钱。现在看来，那应该是一个债券基金，只是“略显违规”地嵌套上了“保本保息”的说辞。

事实上，我对这笔持续 2 年的储蓄到底收益多少、风险几何都已经毫无印象了。我唯一记得的是：当我的工资涨到 20000 元以上时，每月 1000 多元在我眼里已经不够用了。

我想表达的并不是我的收入增高，而是我认为 1000 多元对于未来的我来说，补充效果非常有限，我迫切需要更多的个人养老金积累。于是有了每月 2000 元的固定养老金，有了更多的增额终身寿险，有了养老 FOF 基金等养老理财产品。

社保最低基数：先甜后苦

人的本性是懒惰的，而且行为容易被短期利益驱动。社保养老金就是一个生动的例子。很多就职于私企、外企等体制外的人都有一个模糊的认识：反正我交了社保，养老有着落。但稍微一聊就会发现，他所说的“交了社保”，指的是按最低标准交。哪怕他的月薪是 1 万元、2 万元甚至 3 万元，公司都是按最低标准缴纳的。

2020 年以来，由于市场竞争压力越来越大，企业用人门槛不断提升，供职于外企或私企的 70 后开始陆续退休，美其名曰提前退休或内退。于是，许多在职时收入颇高的 70 后白领发现了一个意想不到的现象：退休后到手工资少得可怜，远远超过自己的想象，正所谓“退前每月 30000 元，退后每月 3000 元”。

当你和一家公司签订劳动合同后，按时、足额缴纳社保养老金是法律规定的义务，对企业和个人都有相同的约束效力，这是白纸黑字写进《社会保险法》的。理论上你每个月的工资，就是你社保养老金的缴纳基数。但不可否认，目前部分企业还存在税前工资和社保基数不一致的情况。这种事在体制内几乎不存在，在一些大型民企也比较少见。但在许多中小型私企和外企里，这似乎成了尽人皆知的秘密。

入职时，老板会告诉你，虽然你的月薪是 15000 元，但社保基数是 6000 元，之所以按照 6000 元缴纳，是因为这是当地社平工资的 60%，也是社保要求的最低基数。如果没有这个要求，说不定还会更低。为了让你接受这个事实，老板会告诉你，如果按最低社保交，每月到手工资会多出上千元，当然还有一个原因是公司也会节省一笔社保开支。

这看似是一个皆大欢喜的美好结局，但一旦按照最低基数缴纳，就意味着在社保福利体系里你的收入水平降低了。你明明是 15000 元的中产阶层，在社保体系里却被认为是月薪 6000 元的打工人，你的账户积累和退休待遇自然会受到影响。

按最低基数缴费，看似到手工资变多了，但多拿的工资会在一段时间内快速转换为消费，无法留存。而且消费带来的快感会强化“按最低基数缴纳真的‘香’”的潜意识，你会没有任何动力通过强制储蓄的方式积累养老金。

有人会说：“最低基数是公司规定的，我也无法改变。”是的，你说得没错，但既然公司降低了你的养老金储备，你显然就应当自己按照等额数量平移过来，通过第三支柱解决。

月薪为 15000 元的白领，按照北京社保养老金的缴费规则，每个月应按照公司 2400 元、个人 1200 元的标准缴纳养老金。在 6000 元的实际缴费基数下，这两个数字被降低为 960 和 480。对个人来说，至少应当将个人账户每月缺失的 720 元补齐，在第三支柱里按月投入 720 元，就可以弥补不足额缴纳社保养老金带来的养老金缺失。

总之，如果可以选择，请按照实际工资缴纳社保养老金。如果这件事你无法控制，你可以选择向所在地的人力资源部门投诉，要求获得足额的社保缴费权利。如果缴纳的养老金仍无法达到你对自己养老金的规划和预期，建议索性自己积累。如果规划得当，自己积累养老金的收益，比社保养老金个人账户产生的整体收益还要高。

自由职业者：第三支柱，你的全部

当我们讨论体制外时，还有一批人真的很“外”很“外”，他们就是自由职业者。

先给自由职业下一个粗糙的定义：不受雇于某家企业，完全依靠自己的技能（比如平面设计、网站后台开发、组装大件家具等）来获取收入。自媒体从业者、UP 主、小商贩、个体工商户等，都属于自由职业者。

这个定义不算严谨，但大致勾勒出了一个群体的画像。第一，不受雇于任何一个单位，无法参加城镇职工养老保险；第二，无法加入任何一个企业年金计划；第三，有一定专业能力，收入相对可持续，或者中短期内可持续。

自由职业者从来没有像今天这样规模化，以至于在 2021 年出台的“十四五”规划中，灵活就业（自由职业者的官方说法）出现了 3 次，分别是：

> 建立促进创业带动就业、多渠道灵活就业机制，全面清理各类限制性政策，增强劳动力市场包容性。（第四十七章实施就业优先战略）
>
> 完善小微创业者扶持政策，支持个体工商户、灵活就业人员等群体勤劳致富。（第四十八章优化收入分配结构）
>
> 实现基本养老保险全国统筹，放宽灵活就业人员参保条件，实现社会保险法定人群全覆盖。（第四十九章健全多层次社会保障体系）

有没有发现一个很有意思的现象？第四十七、四十八、四十九，连续三章，分别涉及的主题是如何找到好工作（就业政策）、如何赚到更多钱（收入分配）、遇到风险怎么办（社会保障），可以说完整概括了一个当代“社畜”从离开校园到历经风雨所必然经历的三重人生境界。不得不说，高屋建瓴的背后，也可以很接地气。

我在本书第二章提出了一个观点，这里再次强调一遍，即：

> 如果自由职业者不参与第一支柱，或者参与得很少，那意味着他既无须承担现收现付制模式下的养老责任，当然也不能享受国家宏观经济红利带来的潜在收益。其实从国家层面，它并不奢望你认可并理解这个道理，所以你至少要做到自扫门前雪，把第三支柱搭好。

具体地说，有几个操作建议。

第一，把自己每年税后收入的 20%～30% 强制存入第三支柱账户。这个比例并不算多，对于固定工作群体来说，每个月都要把 20% 以上的月收入划入社保养老金，如果他还有企业年金，则还要额外支出 10% 左右。自由职业者可以参考这个比例，按照 20%～30% 的区间来强制划转。设立的时候，严格一点，不要一开始就降低要求，不然到后来就会降无可降。

第二，从第三支柱里拿出一部分钱，投到居民养老金或者灵活就业人员的职工养老金上。各地政策有所不同，把握一个核心方向：选择自由职业可以缴纳的社保养老金，选择中档位置的缴费标准。整体而言，中档缴费标准兼顾了财政补贴和个人投入的平衡。如果缴费过低，虽然财政补贴占比高，但最终发放金额少得可怜；如果缴费过高，相当于过度承担了社保养老金的不确定性，风险敞口增加，且容易在领取阶段成为收入差距的被调节者。

第三，在规划个人养老金时，一定要按照黄金三角的三个层次来做。先兜好风险，再保证现金流，最后争取更多的自由可支配资金。越是自由职业，对于风险和养老的保障越是大量缺失，且不自知。所以要严谨、全面，避免遗漏。

扫二维码
观看相关知识

6.3 有娃一族：养儿还能防老吗？

“无论是从中国的传统观念，还是政策导向，抑或是从国民养老模式的实际操作来看，统筹父母与子女的关系，是养老问题绕不开的话题。”

真实案例

佟先生 48 岁，6 岁的儿子刚上小学。佟先生在公司负责审计工作，是公司的审计负责人。他所在的公司一直在按最高标准缴纳企业年金，第一支柱也是足额缴纳的。

佟先生自嘲老来得子，在规划个人养老金黄金三角时，他有两个特殊考虑。

第一，终身养老年金的现金价值要高一些。既能确保一定的流动性，也能在身故后给子女留一笔钱。第二，投保增额终身寿险时，佟先生将被保险人设置为自己的儿子，一方面可以获得更长的复利积累期，另一方面也可以随时将资产转至孩子名下。

客户画像

截至 2021 年年底，我们服务且成交过的有娃一族共 1445 人。其中有固定工作的群体约占 84%，灵活就业人员约占 16%。有娃一族的税前年收入中位数为 22.5 万元，平均数为 31.2 万元[①]。

“福利社会不是出路，家庭是个好东西。老龄化是世界性问题，更是我们国家日益突出的现实问题，怎样解决养老，影响发展、影响稳定、影响形象。”[②] 邓小平“南方谈话”的大多数内容收录于《邓小

---

① 客户中包含企业主和企业高管人员，所以拉高了平均收入，平均收入数据具有一定的失真性。

② 引自人民网文章《倪德刚：未被整理到“南方谈话”要点中的“要点”》，发布于 2014 年 6 月 23 日。

平文选》第三卷，但部分内容并未收录，其中关于福利社会、养老等问题的内容被单独发表。[①]“欧洲发达国家的经验证明，没有家庭不行，家庭是个好东西。都搞集体性质的福利会带来社会问题，比如养老问题，可以让家庭消化。欧洲搞福利社会，由国家、社会承担，现在走不通了。老人多了，人口老化，国家承担不起，社会承担不起，问题就会越来越大。我们还要维持家庭。全国有多少老人，都是靠一家一户养活的。中国文化从孔夫子起，就提倡赡养老人。”

邓小平这段话核心有两点：第一，在养老这个问题上，中国不能搞福利社会，国家、社会负担不起。第二，养老要以家庭为主。这既符合中国传统文化，也符合中国家庭养老观。[②]

随着中国社会向小型家庭化发展，家庭养老观不得不面临一些新的趋势乃至挑战。与此同时，金融市场的建立和完善也引导更多的中国人借助金融产品来解决养老问题。这一节，我们就来聊聊有娃一族在规划养老金时，有哪些注意事项。

---

① 部分谈话内容没有整理到邓小平《在武昌、深圳、珠海、上海等地的谈话要点》，原因有两个。一是整理“南方谈话”的时间比较短。邓小平是1992年2月21日回京的，2月28日，中共中央就将邓小平《在武昌、深圳、珠海、上海等地的谈话要点》作为中央1992年第2号文件下发，要求尽快逐级传达到全体党员干部，也就是说整理邓小平“南方谈话”的时间仅有一周。二是着眼于当时的国内外大局、大势和主要困惑问题及事关未来发展道路、方向等，着力提炼“要点”，诸如基本路线一百年不动摇、社会主义本质论、市场经济论、“三个有利于”论等。现在看来还有若干“要点”当时并没有整理到邓小平“南方谈话”要点之中。

② 见人民网文章《倪德刚：未被整理到“南方谈话”要点中的“要点”》，发布于2014年6月23日。

照顾孩子 VS 提防孩子

规划个人养老金时，不同年龄段的父母在对待子女的态度上，区别很大。

如果孩子还小，当事人倾向于关注养老金的身故责任和传承功能。比如本节开头提到的佟先生，在养老金的功能里附加了身故赔偿和传承功能，为孩子考虑得很周全。

如果孩子已经步入独立（18 岁左右），当事人往往更关注自身的需求，甚至会对子女有所提防。如何把自己的养老金和子女做隔离，避免被子女拿去挥霍？提出这类问题的人往往集中在 40～50 岁，子女基本在 20 岁上下。

刚刚工作的孩子看中了一辆轿跑，自己凑来凑去，还是有 30 多万元资金缺口。孩子找到父母，一方义正词严地拒绝，但另一方却心软了，于是偷偷满足了孩子的心愿。这样的故事天天都在发生。

对养老金来说，财产独立性是安全性的重要前提。如果家庭资金混在一起，最终受到影响的可能是自己。

在挑选终身养老年金时，会有两类产品让你纠结。一类是纯粹领取额高的，另一类是领取后还有现金价值的。这两类产品有什么区别？

举个例子。40 岁的张三，从现在起每月积累 5000 元，坚持到退休。A 产品每年可以领 10 万元，B 产品每年可以领 9.5 万元，都是终身领取。猛地一听，肯定选 A 啊。但 B 产品有个独特的功能，是 A 产品所不具备的，这个功能的名字叫作：

死前领一笔。

身故前，张三可以直接在保险公司官网操作，解除养老金合同，解除后就会获得一笔解约金（现金价值）。解约金的数额取决于解约时间——解约越早，数额越高。如果张三在85岁时罹患晚期胰腺癌，生存期还剩不到1年，这时如果张三选择解约，可以拿到47万元现金，“死前领一笔”，可以自由支配。这种产品设计意味着虽然牺牲了一部分派发年金（每年少领5000元），但晚年可以给孩子留一笔不大不小的现金，是有娃一族比较青睐的平衡型养老金。

这种“随时解约、随时兑现”的功能，给子女提供了资金支持的可能。但一些反对者会倾向于选择领取额更高的A产品——反正养老金也取不出来，活一年领一年，我想给你钱都给不了！

养老规划，全家参与

当然，大多数父母都不会先入为主地考虑孩子的需求。但即使如此，我也建议大家：不妨让孩子参与到养老金的规划里。

我有四份增额终身寿险，其中一份的被保险人是闺女。这样做有两个好处：

第一，可以大概率延长这份资产的存续期。第二，可以让孩子了解父母的养老规划，全家参与其中。

先说第一个“存续期”问题。所有的养老保险都有一个“清盘时间”——只要被保险人身故了，年金派发就停止了，合同也自动到期。因此，挑一个“活得长”的人做被保险人，资产存续期就可以被延长。

对终身养老年金来说，被保险人只能是自己，不可能设置为子女。因为养老年金的派发是以被保险人抵达退休年龄为标准的——你总不能等到子女60岁的时候才开始领取养老金吧。所以，最适合将子女作为被保险人的养老保险，是增额终身寿险。

增额终身寿险的领取时点不受限制，通常在缴费期结束5~10年之后，就可以按最高收益开始领取。未领部分继续按照3.5%的复利保持稳健增值。

将孩子设置为被保险人，即使自己身故了，这份资产依然可以存续。

举个例子

我有一份总投入为25万元的增额终身寿险。退休后，我每年从中取2万元，80岁身故时，账上还有60万元余额。由于被保险人是我女儿，所以保单并未失效，并转移到女儿名下。

这就像20世纪90年代你父母给你留了一个有十几万元余额、复利7%的账户[①]，哪怕钱不多，对子女也有价值——几十年后复利3.5%的稀缺性，和现在看20年前7%的复利账户的稀缺性，是一样的。

---

① 20世纪90年代的存款利率高达6%~7%，使得养老保险的保底利率也水涨船高。而且养老保险的保底利率一旦写进合同，后续就必须百分之百地确保履约。

除了延续资产寿命，将子女设为被保险人，还可以帮你做好孩子的财商教育。你的每一份养老资产——住院医疗险、抗通胀基金、增额终身寿险、终身养老年金——都会匹配一份合同，合同上包含了利益相关人的姓名、身份证号等关键信息。

女儿 4 岁时，我第一次给她展示了我的养老金合同，几十份合同里，大多数都没有她的名字，个别可以看到她的名字。聊合同的过程，就是一个对钱、对家庭关系认识不断加深的过程。

说到孩子的参与，我不得不说一个神奇的现象。许多中国家长在规划自己的养老金时，做着做着最后就走歪了——明明要做自己的养老金，最后却把钱规划成教育金，在我看来，这是一种本末倒置。诚然，子女的教育需求确实是许多家长先天的关切，在竞争高度激烈的社会中，为孩子倾其所有地提供教育支持似乎成了一种理所当然的政治正确，但我们仍需冷静看待。

第一，从财务规划的角度来看，教育支出的主要来源是短期内的劳动收入，而不是理财收益。教育金的支取往往更早、更随机，一个 6 岁孩子的教育支出是即刻发生的，并没有时间等待复利发挥作用。你当然可以以 10 年甚至更久的周期为标杆，设定大学教育金或者研究生教育金，但不要认为教育金理财就是教育支出的核心。

第二，从需求优先级来说，我们做父母的，退休后的长期殷实收入带来的财务健康效应更加持久。很多家长为了孩子的教育金，决定延后自己的养老金，这是不可取的。

家庭小型化是趋势，但传统观念也要重视

在今天，讨论养儿防老是一件出力不讨好的事。

社交媒体日益发达，年青一代对抚养和生育有很多抱怨。初为人父母的 80 后、90 后更是把互联网当作自己宣泄的平台。但对于有娃一族来说，养老问题不能脱离子女而单独存在。无论是从中国的传统观念，还是从政策导向，抑或是从国民养老模式的实际操作来看，统筹父母与子女的关系，是养老问题绕不开的话题。

有娃一族断然不应被夹杂着怨气和戾气的网络舆论影响，应当静下心来思考子女在养老中的角色，从而更好地应对养老危机，塑造更加和谐的家庭关系。

先表达我的观点：说实话，我是不指望我闺女给我们两口子养老的。

“指望”的意思是“诉诸期待”。我对自己的要求是：尽我所能，为孩子提供生活和教育的土壤，让她长成独立自主的人。至于传统观念里的赡养义务，我只能要求自己。我对太太说：“咱要对爸妈履行赡养义务，但咱闺女以后怎么样，听天由命吧。”

我当然希望可以延续中国家庭养老观念，但下一代倡导独立自由的人格，一旦处理不好个人与集体的关系，很容易将个人主义置于家庭赡养的对立面。与其花费时间去做理论普及，不如行胜于言——我们自己践行家庭养老价值观，给孩子树立一个行动的榜样。

这话听上去有点悲情，似乎我和太太变成了家族里承担转折使命的一代人——既要履行义务，又愿意放弃权利。但看似是我们做了舍

弃，实际上这是我们基于全新的亲子关系所选择的最好的方式。

耳濡目染的行动比假大空的说教更有意义。我从未给孩子灌输过“老了以后要养我”的理念，但我女儿却问过我：“为什么你说老了不用养你，你却每个月给姥姥姥爷生活费呢？”

我的回答很简单：“姥姥姥爷自己有退休金，没有我和妈妈给的生活费也没关系。但我们觉得他们的退休金太少了，正好爸爸妈妈收入也还可以，所以就给了。你以后如果有钱了花不掉，可以给爸爸妈妈一些，因为我们退休之后，收入肯定比现在少了。但如果你收入有限，也不用担心，爸爸妈妈有基本的养老收入。”

有了这个话题，我也能展开很多话题。比如每个月也不能给太多，比如姥姥姥爷还有商业保险，顺便还能跟女儿科普下我的工作是什么。

对于有娃一族来说，
如果你是家庭主妇 / 主夫，
可以看看这个视频

6.4 丁克与不婚族：养老需求，更加精准

> 在规划养老金时，丁克和独身一族主要从自身出发，需求更简单。

真实案例 1

冯女士 32 岁，坐标广州，IT 从业者，不考虑结婚，工作比较忙。

冯女士的养老规划主要侧重风险准备金和终身现金流，至于稳健资金池，等后续收入增加了再大额投入。

风险准备金方面，冯女士搭建了“高端医疗险 + 抗通胀基金”的模式，确保自己可以享受全国三甲医院国际部和私立医院的住院报销。每年需要投入 3 万元，累计投入 10 年。

终身现金流方面，冯女士希望在法定退休年龄之前就退休，享受生活。因此她将终身养老年金的领取时间设定为 50 岁①。虽然每年领取的金额降低了，但提前领取是她的刚需。与此同时，冯女士选择的终身养老年金方案为交 15 年，每年 50000 元。50 岁起每年领取

① 少数商业养老金的领取时间是可以早于投保时国家规定的法定退休年龄的。

52000多元，终身领取。

冯女士选择的终身养老年金方案，领取金额高，但现金价值为0，相当于牺牲了产品的流动性和身故赔偿金额（毕竟没有人需要继承这笔钱），但拉高了每年领取的金额，这类终身养老年金属于“纯领取型养老金”。

真实案例2

41岁的骆女士和先生是丁克夫妻，他们在规划终身养老年金时，除了参考冯女士“不设现金价值”的思路之外，还加入了“连生年金”的概念，即任意一方身故，配偶继续领取养老金。

骆女士做投保人，先生做被保险人。55岁之前，每月积累4800元，55岁后每年领取62000元。如先生身故，则骆女士继续领取，直至骆女士身故。

客户画像

截至2021年年底，我们服务且成交过的丁克与不婚群体共有169人，其中有固定工作的群体约占68%，灵活就业人员约占32%。在169人中，税前年收入中位数为18.8万元，平均数为24.2万元。

婚姻不再是人生的必选题，而是可选题。

我的亲身体会是：为人父母后，抚养孩子的过程确实会带来满满成就感，但伴生的困顿乃至煎熬都不能被人为地忽视。养娃的过程就是翻越一座又一座高山。尤其是我太太，女方往往能有更深刻的感受，孩子母亲所承受的身体和心理压力远甚于我，其中的酸楚也只有当事人清楚。

在规划养老金时，丁克和独身一族主要从自身出发，需求更简单。

多年前，我为一个长我 10 岁的大学师姐规划养老金，她和丈夫是丁克一族，我在聊天时说："没有孩子，能省下不少钱，把其中的一部分拨到养老金里，已经超越很多同辈了。"

师姐对我说："其实我的脑海里根本就没有假设过'为孩子花的钱'，我现在的生活开支完全就是自然发生的，我也没有觉得'有幸'省下一笔巨款。"

这句话让我大受触动。我一直说要站在客户的角度，但总是忍不住想当然。"把养孩子的钱变成更好的生活和养老金"就是一个典型的固化思维。

对于丁克与不婚群体，本书所提倡的养老黄金三角理论同样适用。在此基础上，丁克与不婚群体可以额外关注两类问题：更纯粹的终身养老年金，以及养老社区。

终身养老年金：没有牵绊的养老金，更加纯粹

本书在 4.1“陪伴一生的现金流：终身养老年金”一节中，详细介绍过利益演示表。利益演示表可以把终身养老年金的许多功能，用通俗易懂的形式表现出来。

如果刚开始领养老金，人就不在了，会赔钱吗？这个问题，利益演示表里就有答案。通常来说，终身养老年金都会提供身故赔偿功能，而且往往以“保证领取”的形式来呈现。什么叫保证领取呢？

某款终身养老年金产品的合同里规定：开始领取之后，如身故时未领够 20 年，则未领部分的养老金，将全额赔偿给身故后的受益人。

举个例子，槽叔买过两款养老金，其中一款就有上述规定。我从 60 岁起，每年领取 72000 元，如果领到 65 岁时不幸身故，才领了 5 年，怎么办呢？保险公司会把剩余 15 年的养老金总额——108 万元——赔给我的受益人。

受益人可以是我的妻子，也可以是我的子女或者父母，更可以是我指定的任何人——虽然没有血缘关系，但由于我有特殊需求（比如

曾经抚养过我），我可以通过向保险公司提交书面材料，来表达我希望其成为我受益人的真实诉求。

总之，108 万元打给受益人之后，九泉之下的我便可以安心了。不对啊，人都不在了，这 108 万元到底给谁，跟我有什么关系？我又不是坐拥上亿家产的富豪。如果我不要这笔身故理赔，你能给我什么好处吗？

可以。有些终身养老年金会提供“无身故”版本，领取后哪怕第二天人就走了，一分钱不赔。当然，这种版本的终身养老年金，每年领取金额也会更高，相较于“有身故”版本，每年领取金额会增加 10%～15%。

如果当年槽叔选择的是“无身故”版本，每年领取的就不是 72000 元了，而是 80000 元，足足多出来 8000 元。

消费者对比两类产品时，总会陷入“哪种更划算”的思维框架里。事实上，两类产品都是寿险公司基于死亡率的假设。精算师会参考平均寿命计算出养老金和身故赔付金，二者的调整也是基于此消彼长的逻辑，就像跷跷板一样。最终实现的效果是，不管你买哪个版本都无法实现套利，也就是俗称的“占便宜”。

但规划养老金不是为了套利，而是为了服务于自己的实际需求。对于丁克与不婚一族，选择“无身故”版本的比例显著高于有娃一族——与其关心身故后能不能赔、能赔多少钱，不如踏踏实实多领养老金。活着时把钱拿到手才是真谛，其他都是浮云。结合我们规划过的客户案例，2/3 的丁克与不婚一族在选择养老金时，都倾向于选择领取金额更高但身故赔偿较少（甚至无赔偿）的产品。

但这些都是理论，从心理学的角度来说，消费者在实际掏钱购买一件商品时，感性判断是不可避免的——每当想到“刚领一两年就挂了，保险公司1分不赔”时，内心难免会有吃亏的感觉，这种感受是如此强烈，以至于“无身故”版本的养老年金销量非常惨淡。

今天你在市面上看到的所谓的“无身故”版本，实质上包含了“身故时退还已交保费差额”的功能。

举个例子，还是刚才槽叔买的那款养老金。交30年，每年24000元，总保费72万元。如果我刚领了2年就走了，我的受益人会获得576000元的赔偿。这576000是怎么来的？很简单：

720000（总保费）－144000（领了2年的总养老金）=576000

这种“剩余保费还给你”的规则，可以完美弥补客户的“吃亏”心理。事实上，我们的社保养老金个人账户也采用了类似的规则——领取人身故后，个人账户里的余额可以由法定继承人继承。

除了在身故责任上的差异，还有一类养老金主要面向丁克一族：连生版养老金。所谓“连生”，指的是一个人身故后，另外一个人还能继续领取。

假设我给自己买了一份连生年金，如果80岁时我不幸身故，我太太在世，那么养老金的收款人就变成了她，依然可以获得按月发放的养老金，直至我太太身故。

由于连生年金只有在夫妻二人都身故的情况下才停止派发，所以连生年金的派发周期，大概率比被保险人只有夫妻一人的情况下的更久（当然，不排除某个被保险人非常长寿，隔壁邻居夫妻都走了自己还活着的情况），所以在定价时，为对冲领取期过长带来的长寿风险，寿险公司会降低该产品的年领取金额。

丁克夫妻，都是 35 岁，将被保险人设置为丈夫，不同领取金额对比		
每年缴费额	10 万元	
缴费期	10 年	
领取起始年龄	60 岁	
年金版本	普通版	连生版
年领金额	12.5 万元	11.5 万元

对无牵无挂的夫妻来说，连生年金的保障范围从个人拓宽到了夫妻二人，这样就无须在投保时纠结“到底买给谁”的问题了。只要夫妻关系稳定，一方的收入就是全家的收入，而且持续时间更久。所以即使领取金额略有下降，很多丁克夫妻也会倾向于选择连生年金。

养老社区：绕不开的心结

在撰写本书的过程中，我脑海里多次回忆为丁克与不婚一族做过的养老案例。在规划养老时，他们当中 80% 的人都会关注养老社区。

请注意，我并不是在说“没有子女的人注定要去住养老社区”，而是这类群体往往比有娃一族更关注养老社区。

养老的方式有很多种。居家养老是最主流的选择，不过一旦患病需要长期卧床，就必须请专人照顾。如果膝下无子，就只能通过市场化的方法招募护理人员（事实上就算有孩子，八成也是指望不上的）。如果招不到靠谱的护工，养老社区便是必然选择了。

除了自身需求以外，外部供给也造成了“全民关注养老社区”的现象。2010 年前后，以寿险公司为代表的养老金资产管理机构开始投资或自建养老社区。

投资或自建养老社区需要大额且长期的投入。一笔钱砸下去，10 年内甚至 20 年内都听不见声响。而且在实际运行过程中，往往还要面临人力成本增加等风险。基于这个特点，寿险公司的经营模式颇为契合。首先，寿险公司的负债端（获取保费端）期限较长、金额较大，可供长期投资，且长期投资获得的收益差可以用来弥补养老社区经营带来的低收入乃至亏损。在寿险公司养老社区商业模式里，最核心的竞争力是“算大账、不算小账”。

只要是商品，稀缺程度都是由供求关系决定的。需求大于供给，商品会变得稀缺。与此同时，由于需求的多样性，商品也会逐渐呈现出不同层次的特点，养老社区就属于这个范畴。在人口老龄化较高的地区，养老社区的需求不仅是刚性的，而且是多元的。从围绕街道的养老照护点，到坐落在市郊的高端养老院，不同类型的养老社区承载着不同的需求。

正是基于供给理论，除了常见的“按月付费，随时入住”模式外，寿险公司还将入住权与金融产品相挂钩：如果消费者将个人养老金交由它们受托管理，就可以获得养老社区的优先入住权。以某寿险公司为例，养老金总投入如达到 100 万元，则客户可以获得所在城市养老社区的保证入住权或优先入住权。

于是出现了一种现象：许多丁克与不婚族在规划养老金时，过度关注养老社区入住权，忽视了养老金——这个金融产品本身的价值。这一点值得你的关注和思考。

养老社区入住权，这个概念的存在有一个逻辑前提：养老社区，入住难。试想，如果养老社区随时随地都能住，所谓的“入住权”又有什么价值呢？

还是以我为例。1 年多前，我打算购买人生中第三份终身养老年金，每年 10 万元，缴纳 10 年，同时可以获得这家寿险公司提供的位于北京的一家养老社区的入住权。入住权是一种约定，通过入住确认函这份文件进行确定（入住确认函的模板我放在了本书的附录中，欢迎阅读）。

有了这个确认函，我和我太太在 80 岁之前可以获得北京养老社区的保证入住权，我们的四位爸妈可以获得北京养老社区的优先入住权。

保证入住权的意思是，80 岁前想住，肯定给你安排，哪怕住满了；优先入住权的意思是，想住了，优先给你安排，排队排到前面。

不管是保证入住权还是优先入住权，它们存在的前提是：房源没有了，或者已经极度稀缺了。如果你自己或者爸妈入住的时候，房源没有那么稀缺，那么这个入住权就没有发挥作用。所以你可以简单粗暴地理解为，这份养老金相当于买了一个期权。既然是期权，咱们一定要搞清楚的一个问题是：

期权的价格是多少？

你可能会说："槽叔，你为了获得保证入住权和优先入住权，花100万元买了保险，这100万元，不就是期权的价格吗？"非也。花100万元买的保险本身就是一个资产，它会按复利增值。资产是资产，开销是开销，两码事。

为了确定期权真正的价格，我需要先回答的问题是：我这100万元，如果买了其他公司的养老保险，收益会不会更高？沿着这种思路，我们就能明确这份期权的价格了。这种对比工作可以交给你的养老金经纪人，在养老财务规划原理的培训中，这些工作都是最基础的。

当你算出这份期权的价格之后，就需要回答"价格是否合理"这个问题了。这里没有正确答案。你问我一个30多岁的人，再问一个50多岁的人，两个人对养老社区的紧迫感是完全不一样的。50多岁的人身边都是一帮即将退休或者已经退休的人，也见过很多卧病在床的亲友，他们的紧迫感更强。

事实上，他们很有可能是对的。20世纪60年代是中国非常著名的生育高峰期，这批人已经逐步退休，我父母就是在这波生育潮期间出生的。那未来10年，他们这个群体会遇到各种各样的养老问题，养老资源也许会进入一个高需求时期，这都是有可能的。

我和团队小伙伴仔细回顾了一下，我们这边的客户，所有买这种对接养老社区的养老保险的客户，都是70后甚至65后，他们是对养老社区需求最大的人。

正在阅读本书的你也可以预测一下，10 年以后，北上广这种老龄人口多、有钱人多的大城市，高端的养老社区会不会稀缺？这是一个现在可能没有答案，但绝对值得长期观察的问题。

扫二维码
观看相关知识

6.5 高净值人群：做好规划，你将终身富有

“守财是一门学问。对于上了年纪的人来说，守财守住的底线是老年的安稳生活。”

真实案例 1

49 岁的李女士在珠三角经营一家区域房地产公司。李女士有两个儿子，大儿子是和前夫所生，二儿子是再婚后和现任丈夫所生。大儿子已大学毕业，二儿子还在上初中。

李女士在 5 年前就搭建了家族信托，其中包含了信托理财计划、公募基金组合等金融资产，但不同金融资产之间的相关性太强，受资本市场波动影响太大，净值一直处于大起大落的状态。与此同时，没有专门为养老辟出一部分长期资产，并设置风险隔离。因此我们帮她做出如下调整：

第一，配置一份涵盖全球范围的高端医疗险，并搭建一份 200 万元左右的医疗通胀基金，将这份基金在家族信托中的作用给予明确。

第二，考虑到李女士已经步入职业晚期，距离退休仅有 5～10 年

时间，因此辟出一部分稳健资金池，专门配置中期养老资产，主要包括现金价值中早期较高的增额终身寿险，以及封闭期较短的银行养老理财，作为保底养老资产，且将该类资产明确归属，避免子女和其他家人侵占。

真实案例 2

骆先生今年 39 岁，常住上海，知识产权律师，年收入税后在 130 万元左右。每月工资不高，4 万元左右，全年收入主要来自季度奖、年终奖和经营绩效。在养老方面，除了社保养老金之外，骆先生没有任何养老金资产配置，且公司无企业年金。

我们帮他设计的养老金规划如下：

风险准备金：补好长期医疗和护理的短板，在医疗通胀基金和长期护理险上总投入 40 万元。

终身现金流：配置一款无现金价值、领取金额高的终身养老年金。每年交 5 万元，10 年交完。60 岁起每年领取 57000 元。

稳健资金池：配置两款增额终身寿险，一款交 5 年，每年交 20 万元；另一款交 15 年，每年 5 万元，早期现金价值增长较快，用于退休前急需用钱的情况。养老 FOF 基金每月定投 5000 元，计划投入 10～15 年。

你衣食无忧，除了房产，手里还有 5000 万元现金。这时候的你，是希望让 5000 万元冒着巨大的风险变成 1 个亿呢？还是先确保 5000 万元足够安全，然后采取小步快跑的方式，循序渐进地让这 5000 万元稳步增值呢？

这个问题的答案当然取决于你的风险偏好，但从我接触到的客户群体的特点来看，大多数人会选择后者——循序渐进，安全至上。

守财是一门学问。对于上了年纪的人来说，守财守住的底线是老年的安稳生活。

什么是高净值人群？

什么是高净值人群？这个概念并没有普适的判定标准，但我们可以参考私人银行的标准——可支配现金资产超过 1000 万元，即可被定义为高净值人群。有人可能会说：“我家的房子值 1000 万元，我应

该也算高净值吧。”不动产是非常复杂的资产，它既可能包含房贷等负债，也可能缺乏足够的流动性。尤其是，倘若这是你的自住房，功能和用途都已经确定了，无法产生更多的收益，因此它很难被简而言之地定义为可支配资产。

如果想要成为私人银行的高净值客户，第一步就是先存 1000 万元，然后你可以自由支配，买什么金融产品都行，只要确保所有金融资产的净值或规模不低于 1000 万元即可。

在规划养老金时，高净值人群同样也需要遵循安全至上的理论，他们往往更在意安全性和稳健性。当你拥有 2000 万元时，你并不会为了追求两三个点的收益率而冒更高的风险。即使年化收益率只有 3%，也比 500 万元资产下 10% 的收益更高。小心驶得万年船，守财同样不易。

与此同时，高净值人群还要防止因为夫妻离异、子女挥霍、破产连带责任等，影响到自己的保底资产，乃至养老金资产。

从保险金信托到家族信托

理财的目的是服务于你的生活，这个理念听上去有些缥缈，但我讲几个案例，你肯定就有深刻的体会了。

客户 A 经营了一家融资租赁公司，是该公司的创始人和法人。由于经营不善，公司破产，A 需承担无限连带责任。在破产清算的过程中，夫妻二人的金融资产也面临清偿风险，努力大半辈子，最后连养老钱可能都保不住。

客户 B 离异后和现任妻子结婚，52 岁时夫妻二人新添一个女儿。B 购买了足额的身故寿险和养老金，并将其中的 1000 万元赔款的受益人设定为女儿。但如果 B 身故时女儿尚小，这笔巨款存在被挥霍掉的风险。

客户 C 十几年前就在深圳做手机生意，积累了可观的财富，但由于没有做好资产隔离，导致离婚时面临分割风险。

类似的案例天天都在发生，在这样的情况下，金融资产——尤其是养老金——的绝对安全和归属权，是我们最大的关切。无论那笔养老金理财收益有多高、积累的金额有多大，都没有意义，因为这份财产的所有权已经面临巨大风险了。当一份资产无法确保绝对归属权时，它最终不一定属于你。

2020 年疫情发生以来，整个社会的生产经营、家庭关系都面临着更大的挑战，有钱人的“烦恼”也越来越多。好在，金融是用来服务生活的。这些烦恼都可以通过信托来有效解决。

你可能听到过诸如“保险可以避债”的说法，这是一种把复杂问题简单化的错误表达。在风险隔离的操作中，保险也好，基金也好，都是整体架构里的要素，无法单独形成方案，必须通过合理的安排和协议，将各类产品串成完整的信托计划，最终实现风险隔离。

在信托制度下，委托人将保险的权益和功能通过受托人（信托机构）实现，从而将自身（委托人）的风险与保险功能相隔离，让保单免受影响。在客户 A 的案例中，如果客户自始至终都将自己的养老资金配置在保险金信托下，那么即使遭遇破产，这部分资金也无须参与偿还[①]。《信托法》明确规定，信托可以不作为委托人遗产，保持独立性。

信托一旦建立，受托人可以根据委托人的安排，为受益人提供信托方案内的利益。一个最常见的实际应用场景就是离异后重组家庭。在重新结婚之前，预先设立保险金信托，可以避免婚后的财产分割风险，还能让委托人将一部分信托安排在和前任配偶的子女身上。比如，某客户虽然对前妻毫无眷恋，但依然希望能为子女提供长久的财务支持，促使其完成学业。所以，他可以在信托里明确规定，在孩子满 18 岁之后，每年由受托人（信托机构）直接发放教育金、生活费等支持，避免前妻介入。

下图为保险金信托的设计逻辑图。

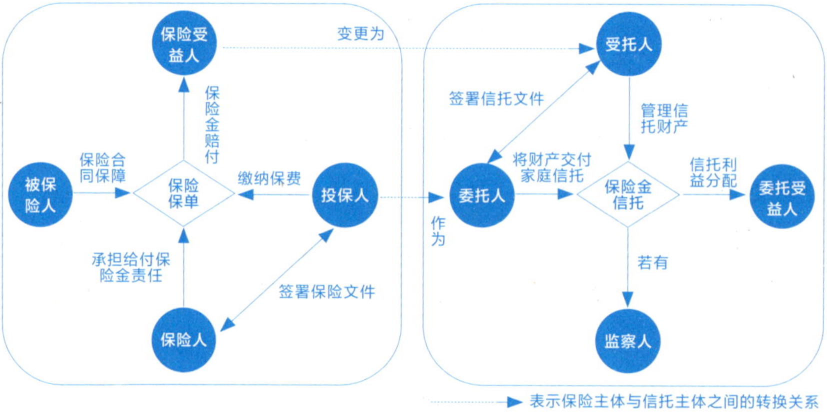

① 具体需满足非恶意转移资产等要求，信托不保护非法隐匿、转移资产的行为。

事实上，六七十岁之前死亡的概率，比六七十岁之前离婚或者公司破产的概率，要低得多。

死亡概率 < 离婚概率或公司经营破产概率

除了保险可以交付信托，其他资产可以吗？当然可以。保险金信托发展到下一阶段，就是家族信托。资产超过 1000 万元，就可以将所有的金融产品打包装入信托，不管是寿险的身故赔款，还是养老金的年度派发，抑或是基金的浮盈或者分红，都可以按照委托人的意愿进行合理分配。

我不是高净值，只是高收入

对于年收入超过百万的高薪“打工仔”来说，你并不拥有股权、厂房、设备、房产等生产资料。

如果你仔细读过本书第一章对社保养老金的科普，你应该意识到一个道理：收入再高，社保也有上限。

月薪 3 万元也好，5 万元也好，10 万元也好，交的社保养老金完全一样。所以，收入越高，养老越要仰仗自己。因为社保养老制度不会考虑高收入者的需求，你千万不要错付。

对高收入群体来说，规划个人养老金的第一原则是：先“看低”自己，再“拔高”自己。

“看低”这两个字，加了个引号。它的意思是：现在收入高，不代表退休后收入高。摆脱对自身收入的盲目自信，尽快端正态度，是采取行动的第一步。

“拔高”这两个字，意思是清晰、足额地呈现自己的收入，无愧于未来有着高需求的自己。在计算养老金替代率时，一定要将年终奖、股息等其他形式的收入计算在内。以律师、投行、互联网等高薪行业为例，在这类从业者的薪酬体系中，月薪只是其中一部分，有的甚至不到年收入的一半。

以某券商为例，中层管理人员的月薪在 2 万 ~ 4 万元，年终奖却可以高达 12 甚至 24 个月的月薪（税前 50 万 ~ 100 万元）。可以说，他们的收入主要靠年终奖。因此如果只按月度薪酬来规划养老金，替代率会出现大幅的隐性下降。

其实，“月薪 + 大额年终奖”这一薪酬模式，本质上也是“现金流 + 资金池”的模式。每月提供保证基本生活的现金流，过一段时间还可以获得一笔能灵活支配的资金池。因此，我们可以借助养老黄金三角的思路，将这种财务模式移植到退休后的生活。

同时，高收入群体供职的企业规模大、效益好，所以人事薪酬制度往往更加合规、审慎，员工的社保养老金基本可以做到足额缴纳，部分企业甚至有补充的企业年金。

基于上述几个因素，高收入群体可以结合具体情况，在做足风险准备金的基础上，重新调整资产结构。比如，如果认为社保和企业年金提供的现金流足够充裕，则可以适当提高稳健资金池的占比，弱化终身现金流的额外投入。总之，务必要把自己看作一张财务报表，详细列出现金流和资产负债情况，这样才能更高效地建立个人养老金。

不管你是坐拥大额资产的高净值客户，还是出入写字楼、掌管上百人团队的高薪“打工仔”，养老金的规划不止于金融层面，更需要你环顾四周，把审慎思维贯穿始终，唯有如此，才能实现终身富有。

扫二维码
观看相关知识

6.6 离退休群体：必须守住现金流

> 如何让自己在人生下半场拥有足够的资本去享受人生，是最核心的人生命题。

真实案例

武汉的客户张先生今年 54 岁，是地方国企的管理层人员，按计划将在 60 岁退休。研究退休政策后，大致确定退休后每月可以领取的社保养老金为 7500～8000 元，合每年 8 万～9 万元。企业年金预计 5 年后可一次性领取 50 万元（税前）左右。

张先生于 2021 年一季度处置了一套房产。这套房产位于市郊，过去 5 年完全没有增值，租金每年仅有 3 万多元。卖掉房产后，张先生变现 200 万元，其中 80 多万元投入终身养老年金里，60 岁起每年领取 6 万元，可将终身现金流从每年 10 万元以内提升到每年 15 万元的水平。

剩余 100 多万元，拨出 20 万元作为风险准备金，应对退休后日益增长的医疗险保费（客户已于 40 多岁时投保了住院医疗险，且产品续保情况良好）。

拨出 20 万元，作为 5 年内的流动资金。剩余 80 万元左右，无风险增额终身寿险和中高风险基金各半。增额终身寿险应对 65 岁起的资金需求，那时候 40 万元的增额会结束封闭期，净值为 61 万多元。

养老公募基金应对更久之后的需求，可以承受短期内的亏损，且 40 万元在整体 200 万元的养老资金里占比较低，风险可控。

客户画像

截至 2021 年年底，我们服务并成交过的离退休群体（距离法定退休年龄 5 年以内）共有 115 人。有社保养老金的占比为 69%，其中社保养老金高于每月 5000 元的约为 1/3。

越是即将退休的人，越在意自己的养老金。但越是即将退休的人，越难以大幅提高养老金，因为他们已经失去了最宝贵的资产——时间。

谈及养老金，有些人总喜欢说“退休后谁知道能活多久”“我才不管呢”，这些稍显戾气的观点，在真正已经退休的群体里，非常少见。面对即将到来的退休生活，真实的态度是打起一百分的精神来对待——医疗水平的进步带来的寿命延长，对于60岁上下的人来说是看得见、摸得着的现实，真切感更强。如何让自己在人生下半场拥有足够的资本去享受人生，是最核心的人生命题。

拿到一笔钱，我该怎么用？

不管收入高低，退休之际，你的银行账户上都会有一笔钱，金额或多或少。我经常问客户的问题是：退休时给你100万元，你准备怎么用？

首先，明确一个原则：这100万元是为了提高退休生活品质的。不要想着留给后人，也不要想着靠它翻身，大赚一笔。淡化你对资产传承和超额收益的关注度，撇去噪声，专注本心。

其次，要结合你的退休金水平，给这笔资金设定使用期限。如果你每个月没有或者只有很少的退休金，那说明养老问题非常严峻，长期的现金流压力较大，“抵抗力”弱，因此必须把这笔钱拨出一半甚至更多，将其转换为终身领取的现金流。养老这场考试，好歹拿到了60分。

如果每个月有固定退休金，且退休金可以满足基本需求，那么就要让这100万元实现锦上添花的效果。结合自己的生活开支需求，将100万元资金划分为不同需求时点。

生活开支需求包括：

- 每年旅游
- 外出就餐
- 爱好开支（如购买钓鱼渔具等）

可以将100万元中的25万元配置为流动现金，如货币基金等，用于3~5年内的消费需求。剩余资金设置为“5~10年内要用”和“10~20年内要用”两个维度。期限越久，对流动性的需求越低，可以配置不同的金融资产，搭建养老稳健资金池。

对于即将退休的人来说，有些认知一定要及时摒弃，比如：存钱。有些人省了一辈子钱，即将退休，看到这100万元的第一反应是：存银行。这100万元就像老太太供奉的佛龛一样，碰不得，摸不得。如果是这样，那这100万元就失去了应有的价值，最后的结局就是留给后人，完全没有发挥应有的作用。

企业年金：幸福的烦恼

即将退休的央企、国企职员，无一例外地会开始关注企业年金。

对于近3000万拥有企业年金的人来说，退休之际拿到一笔大额现金，带来的不只是幸福，还有苦恼。

以下面这位客户为例。她即将在2022年6月退休，企业年金账户总额约为12万多元，其中单位部分10万元，个人部分2万多元。她面临的问题主要有两个。

2021 年 12 月余额

2022 年 3 月初余额

2022 年 3 月中旬余额

第一个问题，取出时需要缴纳个人所得税。

养老金三大支柱里，第一支柱的社保养老金和第三支柱的商业养老金是无须缴纳个人所得税的，但第二支柱里的企业年金却需要缴纳个税。原因不难理解：你在积累企业年金时，个人账户缴纳的金额抵扣了你的所得税缴纳基数。

假设 30 岁的你月收入为 12000 元，扣除掉社保等因素后，你需要缴纳的个人所得税基数为 5600 元，这时你发现：每个月还有 480 元的企业年金个人缴费，于是你的个税基数就从 5600 元降低为 5120 元。这样一来，预计每个月都可以少交几十块钱的个人所得税。[①]

但领取时，企业年金的领取金额却要按个人收入缴纳个税。所以

① 该测算仅供参考。在个人所得税按年度汇算清缴的规则下，企业年金个人缴费带来的税优金额需要结合具体情况分析。

如果你一次性全额提取，个税一定多得吓人。因此，企业年金按照什么方式去领，这是一个很复杂的问题。

既要满足每月需要，又要做到尽可能合理避税。比如上图里余额为 12 万元的这位客户，对她来说，每个月提取四五千元就能完美避开个人所得税。但在这种情况下，12 万元的余额很快就会领完了，所以最后我们建议的方案是每月领 1000 元，预计可以领取 10～15 年。

但这个估算也并不严谨。如果在领取期客户的企业年金发生亏损，且长期无法恢复到初期净值，那么别说 15 年了，10 年都撑不到。这就是企业年金领取期面临的第二个问题：

未取出的部分，总让人担惊受怕。

企业年金主要投资于债券和权益市场，如果没有针对年金计划里不同年龄段的群体设计不同的投资策略，一个 60 岁的退休老人可能和一个 30 岁青年面临相同的投资风险和偏好。

如果权益市场发生波动，还会波及已退休群体的养老金。所以对于这位拥有 12 万元企业年金的客户来说，花 2 年时间，每年领取 6 万元，也是一种兼顾税筹和风险的好办法——既无须缴纳个税，也可以尽快落袋为安。

子弹有限，怎么办？

本节开头提到的武汉张先生，将一套投资型房产置换为金融资产，所以预算非常充裕。对多数离退休群体来说，这样的案例并不多。手头只有三四十万元，如何提升养老收入呢？子弹有限的情况下，一定要抓住两个关键核心：医疗风险、终身现金流。

我就遇到了这样的情况。岳母是 20 世纪 60 年代生人，多年前就内退了，退休金小几千元，在老家属于中等偏下的水平。我的父母和岳父相对高一些，不用我们子女太操心。

如何提升岳母的养老金水平呢？我们做子女的，预算有限，不可能面面俱到。经过沟通，我们决定专注于解决医疗和现金流这两类问题。

医疗方面，我们估算了一下岳母及其他三位老人的商业住院医疗险保费的增长情况，预估出未来 20 年内的保费支出，在我们三口之家的财务规划中，将这笔开支纳入计划，确保我们可以从容支付每年四位老人的医疗险保费。

对于即将退休的人来说，建立医疗通胀基金并非易事。由于医疗险的大幅增长会在 5～10 年内发生，所以留给通胀基金稳健增值的时间窗口已经很小了。

当然，你依然可以按照 4 万元 ×5 年等快速积累方法，建立一套 15 年后用得上的通胀基金，但在预算有限的情况下，我们倾向于将自己（子女）当作父母的抗通胀基金。

说完医疗，再说现金流。我们的预算大约为 30 万元，最终，我和我太太用这笔钱一次性为岳母补充了一份终身养老年金，5 年后就可以每年领取 24000 元（每月 2000 元）了。这么做主要有以下几个考虑：

第一，短期内（5 年内），我们完全有能力每月给父母提供一些养老补充，但长期来看，靠人不如靠制度，趁现在有能力，把责任转嫁出去。5 年后即使自身压力过大（孩子上学、工作遇到变故），敬老的退休金也不受影响。

第二，有了这 2000 元，岳母每个月的退休金就从“小几千元”升级为“大几千元”，获得感非常强。子女履行对父母的养老义务时，不能只是埋头算账，给老人带来获得感这一点也同样重要。

第三，这笔养老金的投保人不是我，而是我太太。不仅能解决实打实的养老金问题，还能增进一下母女关系。

第四，这笔钱如果用于投资房地产，金额太小，没有合适的标的，而且不动产短期内也无法变现，影响实际支取需求；如果用于投资银行理财，5 年到期后，还得接着找产品，何况银行理财有风险，收益又不稳定；如果放在公募基金里搏一搏收益，风险太高（事实上从 2021 年起，公募基金整体表现非常糟糕），而且由于 5 年内就要用到这笔钱，且需要不断从中取用，所以基金并不是一个合理选择。

看病风险被兜住了，养老金也显著提升了。老人没了后顾之忧，除了生活质量得到改善之外，甚至还能“上岗再就业”（帮我带带孩子）。解决养老金，就是解决三代人关系的牛鼻子，牵住这个牛鼻子，你就可以构建全家三代人的稳定结构。养老金，真的不只是金融问题。

扫二维码
观看相关知识

07

有些事，比钱更重要

7.1 规划养老之前，先解决当下风险

“当面对困难和挫折时，感性表达只是第一步，我们必须将其拆解为理性分析，唯有如此，才有可能找到解决难题的钥匙，否则就会陷入感性描述无法自拔，最终什么都没有改变。养老如此，面对‘穷病’也是如此。”

我们一直在讨论如何增加退休收入，但当年轻人遭遇挫折、生活困顿时，难免会有非常丧气的感觉，忍不住吐槽：“起码我得先活到退休那一天吧？”

这当然只是情绪的宣泄，但也从侧面说明，我们对于工作和生活中的压力和风险十分畏惧，如果不能处理好这些前置风险，影响的不仅是养老规划，还有正常的人生。

衡量一个人的财务健康程度，退休后的收入是非常重要的指标，除此之外，在职时抵御风险的能力和规划也不可或缺。我们应当通过配置合理的保障类保险产品，将风险转嫁出去，正所谓“养老诚可贵，保障价更高”。

这一节我们就来聊聊，在风险保障方面，有哪些事要查漏补缺。

得了重病，如何帮自己？

“这世上只有一种病，穷病。”这是电影《我不是药神》里的经典台词。这句话很容易触动感情，引发舆论热议。我想问你的是：这句话到底表达了什么观点？我的理解是：随着医疗水平的进步，越来越多的疑难杂症都可以被缓解甚至治愈，疾病不再可怕，但前提是你有钱。解决钱的问题，才是关键。

当面对困难和挫折时，感性表达只是第一步，我们必须将其拆解为理性分析。唯有如此，才有可能找到解决难题的钥匙，否则就会陷入感性描述无法自拔，最终什么都没有改变。养老如此，面对“穷病”也是如此。所以我们该怎么办呢？

方法很简单，要么你动用自己的钱，要么你动用别人的钱。这里所谓的“别人的钱”，就是保险公司的报销款。

抵御普通疾病，我们可以求救于社会医疗保险——头疼脑热等日常疾病，或者做简单手术、短期住院（比如阑尾炎或者小腿骨折），医保可以在很大程度上解决我们的医疗开支焦虑。但一旦上升到严重的疾病——比如癌症、心脑血管手术、ICU 治疗等——医保就会显得有些力不从心。这时候我们需要寻求两大救星：重大疾病险、住院医疗险。

住院医疗险的价值，我们在“防止因病致贫：医疗通胀基金”里介绍过，这里不做赘述。我们重点来介绍一下重大疾病险。

什么样的病才能叫重大疾病？这可不是保险公司随口说说的，而是银保监会规定的，根据政府颁布的重大疾病的定义，来评判到底是否符合重疾定义。放眼全球，重疾险疾病定义规范化这项工作咱们做得是最好的。统一重疾险分类的其实只有英国、新加坡和马来西亚等为数不多的国家。

重大疾病，通常可以分为三种情况。

第一种是达到了某个疾病的标准，相当于确诊即赔，如恶性肿瘤。

第二种是因为某种疾病实施了某种治疗方法，如心脏瓣膜手术、重大器官移植术。

第三种是某种状态会永久持续，如脑中风后遗症等。

想象一下罹患白血病需要长期治疗的孩子、突发脑中风导致后续生活无法自理的职场中年人，如果能一次性提供几十万元甚至一百万元的资金援助，绝对称得上雪中送炭。

有些读者会问："如果我一辈子没得重疾，这保费岂不是白交了？"为了解决这个问题，重疾险提供了三个解决方案。

第一，你可以勾选身故责任。如果一辈子没有得重疾，最终因为重疾之外的原因死掉了（比如意外、心梗猝死等），依然可以拿到理赔款，这个重疾险就不算白买。

第二，新增责任是轻症和中症责任。比如原位癌，作为癌症的早期阶段，原位癌相对容易治愈，属于轻症的一种。虽然很庆幸自己早发现、早治疗，但没拿到保险公司的赔偿，心有不甘。没关系，保险公司赔给你。重疾保额是多少？10 万元？好的，轻症赔你 3 万元，中症赔你 5 万元。

第三，重疾险可以随时退保，拿回一笔现金价值。不同产品的现金价值各有不同，有高有低。现金价值越高，你需要缴纳的保费也越高。羊毛出在羊身上，这个道理很好理解。

说到这里，我得强调一点，买重疾险，最重要的考量是保额要充足。就像我们去吃麦当劳，主食永远是最重要的，一个巨无霸套餐里，最顶饥的是双层牛肉汉堡，先吃饱，再说其他小食，切记不可主次颠倒。重疾险的保额一定要不低于个人年收入的 3~4 倍，这样重疾险才能提供充足的收入补偿。

— 延伸阅读

解锁重疾险的高阶玩法：保额充足，保费豁免

2021 年，槽叔经纪人团队经历多起重疾险理赔，理赔款超过 70 万元的共有 3 起，分别是甲状腺癌和肺癌。

在一起 80 多万元的甲状腺癌的理赔中，客户拿到理赔款之后，由于治疗费用不高，对工作的影响也有限（休养半年就返回工作岗位了），所以客户最终从 80 万元理赔款中拿出 30 万元，购买了一份终身养老年金。重疾险还为长期的养老提供了额外的支持。

这 3 起理赔都触发了豁免功能，即后续保费无须再交，但保单的其他责任依然有效。我之前说过，少花钱就是赚钱，后续十几年甚至二十几年的总保费基本在 20 万元到 30 万元之间，这笔钱无须再交的话，也是一笔可观的收入。

英年早亡，如何帮家人？

随着年岁的增大，除了发现身边得病住院的同龄人越来越多，我们甚至还会偶然得知某个多年不见的老友因为疾病或者意外撒手人寰。人到中年，满是唏嘘，尤其是对于家庭中收入最多的顶梁柱来说，如何确保离世后家人拥有足额的抚恤金或者持续的收入补偿，是非常值得思考的问题。

然而现实中我们总是对死亡讳莫如深，还会想当然地认为：人都不在了，给我钱干什么？如果你在网上搜索保险的负面评价，一定会找到这类新闻：《保险交了多年才发现，死了才赔钱》。评论区也是异常热闹，基本上是大型吐槽现场。冷静思考一下，其实死了才赔钱本身就是保险的一种形式，我们将这类产品统称为身故类保险，也叫寿险。

事实上问出这个问题的人，也许理解错了。寿险的主要作用，是在你人死了之后给别人钱，而不是给你钱。这里的“别人”指的是配偶、子女、父母，也就是说，如果发生不幸，你的家人可以获得一笔补偿。

一个人在什么年龄阶段，最被家人依赖、最需要承担家庭开支呢？显然是退休之前。中青年的你，有房贷要供，有孩子要养，有父母要赡养，哪件事都缺不了你。等到退休，大概率你的孩子长大了，无须再给他提供生活费了（除非他还在啃老），贷款也基本还完了，父母可能也已经不在人世了。总之，我们需要的寿险，是工作后到退休前这段时间暴涨起来的寿险，我们给这类寿险起个名字：定期寿险。

定期寿险在美国最为普及，这在一定程度上和美国中产阶层的崛起有关。社会学家米尔斯对这一群体有过非常到位的评价：

“他们大多没有自己能够独立经营的财产，往往作为高级雇员为拥有大型资本的人工作。因此从财产方面来说，他们的地位和普通劳动者一样，但从职业收入方面来看，他们又是处在中间的，所以‘middle class’也可以翻译成‘中等收入阶层’。”

由于没有财富积累和生产资料，中产阶层抗风险能力偏低，尤其是身故带来的风险，更是让人难以承受。

定期寿险怎么买呢？以 30 岁时的槽叔为例，每月交 90 多元，交到 60 岁，就可以确保如果自己在 60 岁前因疾病和意外身故，家人就可以获得 100 万元的赔偿。至于如何给家人分配这笔钱，槽叔可以结合人生的不同阶段来决定。

刚投保时，槽叔和妻子十分恩爱，于是把受益人设为“妻子 100%”，这 100 万元都会由保险公司打到妻子账上。七年之痒来袭，槽叔在一次大吵大闹之后淡定地拿起手机，将受益人改为“妻子 50%、老母亲 50%”，回头看了眼仍在发飙的媳妇，心中的愤怒竟然消散了不少。又过了几年，40 多岁的槽叔大病一场，妻子端屎端尿，槽叔感激涕零，于是又颤抖地拿出手机，将受益人变回“妻子 100%”。

故事是虚拟的，实际生活里我不会总去修改受益人。如果真吵架了，我就额外再买一份定期寿险，受益人写我妈就行了，又不是买不起……但随时可以修改受益人这件事，是百分之百真实的。这个故事体现出了定期寿险的本质，就两个词：杠杆、契约。

我支付很少的钱，撬动巨大的保额，这是杠杆。我通过修改合同约定，调整不同人之间的权利关系，这是契约。

在真实世界里，我给自己购买了1000万元的定期寿险，按不同比例分给了妻子和母亲。我的孩子尚未成年，即使分配给她，保险金届时也必须交由监护人管理。所以我只需要把大头留给妻子，小头留给母亲就可以了。

我太太也是家庭的重要收入来源，我俩属于双职工家庭，所以我也让她为自己投保了定期寿险，只不过受益人100%属于她的父母（也就是我的岳父岳母）。这样做的目的是，如果哪天太太突遭不测，可以给自己的父母留下一笔巨款用于养老。作为女婿，虽然养老责无旁贷，但如果有保险公司数百万元保险金的增援，我定会感到无比安心。

之所以建议每个女性朋友也给自己配置一份定期寿险，和女性是否工作、是否赚钱、赚多少钱毫无关系，完全是因为：女性买定期寿险，真的太便宜了。以30岁女性为例，如果同样按100万保额、保到60岁计算，每个月只需要50元，和槽叔每月的90元相比，基本算是打了5折。

为什么女性会便宜这么多？一切都是因为概率。根据第三套生命表《中国人身保险业经验生命表（2010—2013）》，70岁之前，男性死亡概率是女性的两倍左右。若将法定退休年龄（60岁）前身故定义为早亡，30岁男性早亡概率为9.44%，30岁女性早亡概率为4.30%；考虑到我国逐步实施延迟退休政策，若退休年龄延迟到65岁，男性早亡的概率跃升到了14.44%，女性早亡的概率则为6.97%。这就是在同样的保障条件下，男性的费用会比女性贵出一倍多的主要原因。

男性在未来死亡的概率								
年龄	10 年内	20 年内	30 年内	至 60 岁	至 65 岁	至 70 岁	至 80 岁	至 90 岁
20	0.61%	1.71%	4.25%	9.99%	14.97%	22.98%	53.05%	88.35%
25	0.79%	2.42%	6.38%	9.75%	14.73%	22.77%	52.92%	88.32%
30	1.10%	3.66%	9.44%	9.44%	14.44%	22.51%	52.76%	88.28%
35	1.64%	5.64%	14.05%	9.03%	14.05%	22.15%	52.55%	88.23%
40	2.59%	8.43%	21.64%	8.43%	13.49%	21.64%	52.24%	88.15%
45	4.07%	12.62%	33.86%	7.51%	12.62%	20.86%	51.76%	88.03%
50	6%	19.56%	50.97%	6%	11.19%	19.56%	50.97%	87.84%
55	8.92%	31.05%	70.42%	3.59%	8.92%	17.50%	49.71%	87.53%
60	14.43%	47.84%	87.06%		5.52%	14.43%	47.84%	87.06%

数据来源：根据第三代生命表《中国人身保险业经验生命表（2010—2013）》非养老类业务数据测算得出

女性在未来死亡的概率								
年龄	10 年内	20 年内	30 年内	至 60 岁	至 65 岁	至 70 岁	至 80 岁	至 90 岁
20	0.29%	0.75%	1.86%	4.58%	7.24%	12.08%	35.18%	76.45%
25	0.34%	1.03%	2.82%	4.45%	7.11%	11.96%	35.09%	76.42%
30	0.46%	1.57%	4.30%	4.30%	6.97%	11.82%	34.99%	76.38%
35	0.69%	2.48%	6.79%	4.12%	6.79%	11.66%	34.87%	76.34%
40	1.12%	3.86%	11.42%	3.86%	6.54%	11.42%	34.69%	76.27%
45	1.80%	6.15%	19.90%	3.45%	6.15%	11.04%	34.41%	76.17%
50	2.77%	10.42%	33.95%	2.77%	5.48%	10.42%	33.95%	76.01%
55	4.42%	18.43%	53.72%	1.68%	4.42%	9.41%	33.21%	75.74%
60	7.86%	32.07%	75.32%		2.79%	7.86%	32.07%	75.32%

数据来源：根据第三代生命表《中国人身保险业经验生命表（2010—2013）》非养老类业务数据测算得出

但对于这一节，我真的要从这句话说起：活不到60岁，该怎么办？

事实上，养老的逻辑前提是确实活到60岁了。所以我们在规划养老保险前，确实应该严肃地思考一下，如何能通过合理的财务规划，顺利、安稳地活到退休。

懂风险，才能懂养老

养老金解决的问题是：活得太长怎么办？定期寿险解决的问题是：死得太早怎么办？乍一看，似乎有些矛盾——你到底是怕活得长还是死得早？

我都怕。在不同年龄阶段，人的关切点是不一样的。金融是服务于生活的工具，它可以让你增强抵御风险的能力，避免在风险发生时被剥夺生的可能。在中青年阶段建立科学的风险意识，搭建风险准备金，不仅可以帮助你更好地步入退休，也可以借助这一认知，逐步建立个人的养老金体系。

从业十余年，关于风险，关于养老，我最大的收获有两个：

第一，一个人的成熟与长大，不是以是否达到18岁为标准的，而是以是否能独立、冷静地处理人生风险为标准的。面对风险，到底是选择提前筹划，还是视而不见，抑或是寻求身边亲友的帮助，这是一直以来摆在我们面前的三个选择。在社会的变迁下，家庭在小型化，个体意识也在觉醒，传统大家族群的分散必然意味着亲缘扶持关系的减弱。情感诚然无法被替代，但权利和义务会区分得越来越清晰，风险管理工具的出现会加速这一进程。

第二，养老金的目标不是追求暴富，而是控制风险，在这样一场长跑中，比谁活的时间更长。在积累养老金的过程中，不管你选择什么样的经纪人或者顾问，他必须拥有识别风险、规避风险的能力，在这个基础上获取尽可能高的长期复利，这是锦上添花的技能。

7.2 穷得只剩下房子了

“2021 年秋天我去珠三角调研，和负责以房养老业务的一线人员开会，了解到近两年来广东、福建地区的许多三、四线城市，出现了房子烂在手里的现象。而且这类地区往往伴随着人口净流出的现象，趋势完全不可逆。许多三、四线房产的持有人希望通过以房养老来换取每月的收入……”

我的老家是河南郑州。改革开放前，郑州的核心产业是制造业和纺织业，集中分布在城市的中西部。20 世纪 90 年代末开始，郑州开启东扩脚步，昔日繁华的中西部归于平静，孩童时口口相传的许多耳熟能详的街区（如碧沙岗、紫荆山等），也渐渐地被更新潮、更酷炫的新区（比如郑东新区）所替代。

几年前，我回家探亲，和母亲去远房表姨家串亲戚。表姨是老纺织工人，住在碧沙岗（棉纺业的老城区），和表姨大都已年过六十，膝下无子，两口子养老金加起来每月不到 4000 元，日子有些捉襟见肘，但好在房子是当年单位分的，住房不成问题。我忽然想到以房养老这个养老模式，就脑子一热，和表姨聊了起来。

所谓以房养老，是指把房子抵押给寿险公司，每月换回一笔养老金，活多久领多久。百年之后，房子交由寿险公司处置。一说完“以房养老”，表姨两口子面露难色，场面一度十分尴尬。事后回想起来，我又犯了经验主义的错误——总觉得自己的认知可以帮助身边的家人获得更好的生活，却忽略了当事人内心最真实的想法。

这也正是以房养老的现状。明明是发达国家非常成熟的养老模式，明明是应对长寿风险的绝妙金融设计，明明是很多人求着寿险公司做、寿险公司都不愿意做的金融服务，到了中国，却因为各种各样的原因水土不服，甚至还被金融诈骗利用，最终使得以房养老的发展举步维艰，寿险公司也没有动力，最终受损失的是广大消费者。

这一切到底是因为什么？在这一节，我就来详细聊聊。

做一份个人的财务报表

评估企业运营情况，我们会看财务报表。财务报表包含资产负债表、利润表和所有者权益表等。我们可以把这个思路用到自己身上——你有没有想过，我们每个人，其实也有一份财务报表。

对表姨来说，她的资产负债表非常干净、漂亮，有价值 100 万元的房产，没有任何负债，她的家庭净资产就是 100 万元。看似不算穷人，但问题出在现金流量表上。

全家每月收入 4000 元，刨去每月开支，几乎不剩多少钱，现金流基本打平。面对这种情况，有人可能会说：“把房子一卖，不就行了？”

我们姑且不考虑房子好不好卖、能卖多少钱，我们要先明确一个事实：这是表姨唯一的一套自住房。卖了以后，住哪里呢？有人会轻描淡写地说："租房就可以了啊。"你只要有一丁点换位思考的能力，就会意识到，对许多退休群体来说，租房并不是上上之选。住了一辈子的房子，处了一辈子的街坊四邻，除非是无法自理、必须去养老院，否则没人愿意离开自己的温柔乡；租房市场尚不成熟，住两三年可能就要被迫搬家；最棘手的是，如何处理卖房子获得的 100 万元现金？既然变现了，每个月开销可以多一点吧，比如从 4000 元增加到 8000 元。但我还需要预留出房租啊，租的房子的品质总不能比自住房还差吧？最终表姨不得不面对一个难题：这 100 万元够花多久？不会 20 年后就花光了吧？到时候该怎么办？

一个人年龄越大，对生的渴望就越大，"长寿"这两个字也愈发看得见、摸得着。如果说退休后的人也有财务报表，那现金流量表要比资产负债表更加重要，充沛的现金流才是生的希望。

反向抵押，怎么操作？

每个月给我一笔养老金，活多久领多久，并且让我继续住在房子里。想同时实现这两个诉求，对于膝下无子女的表姨来说，最好的选择就是以房养老。

以房养老有个学名：反向抵押养老保险。我们把房产抵押给寿险公司，获得一笔终身养老年金。寿险公司获得房屋所有权，但没有使用权和收益权。在寿险公司的财务账面上，只是多了一套毫无意义的房产而已——既不能产生现金流，又不能变现。不仅如此，寿险公司还要每个月支付给你养老金。

每月给你养老金，本质上是借钱给你，等你身故后全额还上。有了房屋作抵押，寿险公司就不怕你不还钱了。这是以房养老的简单逻辑，基于这个逻辑，我们继续深入，会发现更多有趣的现象。

好，既然是借钱，就必须有利息。就像你在买房时申请房贷，不仅向银行抵押了你的房产，还要按房贷利率给银行支付利息。借钱付息，天经地义。那么，利息定为多少比较合适呢？为公平起见，咱们可以参考房贷利率。

买房时，你一次性从金融机构（银行）借了 100 万元，分 25 年还清，每月还 5846 元。25 年后，你的总还款金额为 175 万元，多出来的这 75 万元就是利息，折合成年化复利大约是 5%。

在房贷模式里，你是一次性借钱，然后立刻就开始还钱。但在以房养老中，你是按月借钱，还款日期还不确定，毕竟谁也无法预料自己的死亡日期。这生意怎么做？反正银行做不了，但寿险公司可以。

张大爷的房子评估值为 100 万元，寿险公司可以基于中国居民生命表中的平均寿命——比如 85 岁——计算出 60 岁的张大爷每个月可以领取 2500 元。从 60 岁到 85 岁，每年领取 3 万元，领了 26 年身故，按复利 5% 计算，张大爷应该付给寿险公司 120 万元。

有人会问，为什么寿险公司要收张大爷 5% 的利息啊？我们刚才已经用房屋贷款举例，说明借钱必然要有利息了。换个角度想，寿险公司每个月给张大爷 2500 元，也意味着寿险公司无法将这笔钱用作再投资，失去了投资权利。这时候寿险公司必然要对这笔钱索要一定的利息（参考银行发放贷款）。5% 的利息，就相当于寿险公司出借资金的机会成本。

总之，张大爷百年之后，寿险公司需要尽快拿回属于自己的 120 万元欠款，这时张大爷生前抵押的房产就要派上用场了。只要这套当年价值为 100 万元的房子可以顺利卖掉，且金额在 120 万元以上，寿险公司就不会亏。但如果房子迟迟无法变现，或者只按 110 万元的价格卖了出去，寿险公司就亏了。说到这里，一定有读者坐不住了，大声喊道："25 年后啊！100 万元的房子难道连 120 万元都卖不掉吗？不可能，不要侮辱我的智商！"

冷静，你会这么想，寿险公司早就预料到了，于是它拍了拍你的肩膀说：要不这样，咱们做个约定，约定的名字叫作"超额收益我不要"。也就是说，等到 25 年后房产变现时，如果卖不到 120 万元，我自认倒霉。但如果卖的金额超过 120 万元，超出来的这笔钱，我一分钱不要，全部还给你。我就图收回全款，不图更高收益，你也别怨声载道。

这样听上去，是不是感觉好多了？

权利反转，朝夕之间

现在，新的问题来了。假设张大爷的那套当年价值 100 万元的房子卖出了 200 万元，多出来的 80 万元到底给谁呢？张大爷已经驾鹤西游了，按照一般的法律规定，这笔钱要给张大爷的法定受益人。法定受益人有三类：配偶、子女、父母。

如果张大爷没有子女，父母和妻子也早已故去，那这笔超额收益，不管金额是多少，其实都毫无意义。事实上，仔细翻阅过去几年参加以房养老的客户，大多数都是膝下无子女的老年夫妇，他们无须担心身后房子还能值多少钱，他们只求生前每个月多领一些钱。

对有子女的老人来说，以房养老往往被视作眼中钉、肉中刺，寿险公司被视作和他们争抢父母遗产继承权的敌人。但说实话，这些子女实在是想多了，以房养老这件事，寿险公司其实没有动力去做。

放眼金融行业，没有任何一家银行、基金、证券公司敢对已经退休的老人发放贷款，即使你愿意把房子抵押给银行，银行也不会给你持续终身的现金流。再说一遍，没有任何一家金融机构愿意做。现实中，寿险公司对以房养老也不怎么“感冒”。截至 2021 年，中国只有 2 家寿险公司启动了以房养老业务。

寿险公司不急，但政府着急啊。过去 10 年，银监会、保监会等监管部门多次下发文件，推动以房养老从试点到全面铺开，但星星之火尚未燎原。究其原因，一方面是传统观念对房产的眷恋，房子就像一个不会下蛋的公鸡，即使只是抱着它，也让人很开心；另一方面以房养老受制于两代人之间的财产权属关系，屡次出现老人希望参加但子女竭力阻止的情况。讲到这里，我想对竭力阻止的子女说一句：如果你有能力为父母提供和寿险公司金额等同的养老金，我觉得你竭力阻止的理由，倒也确实充分。

回顾过去两年的以房养老，事情正在起变化。从不屑一顾到一票难求，比想象中还要快。从 2020 年开始，房地产调控大幅升级，房住不炒成为国策。2021 年秋天我去珠三角调研，和负责以房养老业务的一线人员开会，了解到近两年来广东、福建地区的许多三、四线城市，出现了房子烂在手里的现象。而且这类地区往往伴随着人口净流出的现象，趋势完全不可逆。许多三、四线房产的持有人希望通过以房养老来换取每月的收入，但遗憾的是，目前以房养老仅限于一线城市和部分省会城市，这也恰恰说明了在寿险公司眼中，什么地方的房子是值钱的，而什么地方的房子是不值钱的。

思考题

一些人会说："一辈子都在和金融机构打交道，买房时赚我利息，养老时觊觎我的房子，它们简直是吸血鬼！"

另一些人会说："一辈子都要靠金融机构的协助，才能既享受到房子带来的幸福感，又享受到终身养老年金带来的安全感，金融机构的存在更好地服务了我的生活。”

对于这两类观点，你怎么看?

扔掉对保险的偏见，抓住政策窗口期

以房养老的定价规则、投保流程、评估方法，实际上比刚才张大爷的案例要复杂。在实际投保流程中，还需要测算延期年金、身故责任等参数，寿险公司还需要和客户一起完成房屋估价、抵押公证、签署放弃继承声明书等一系列流程，不仅如此，一旦房屋变更产权，寿险公司出于风险管理需要，还会为房屋购买财产保险。总之，一通流程走下来，绝非易事。

寿险公司之所以观望情绪浓厚、不愿意拓展业务范围，原因除了对房价下行趋势的担忧，还有对长寿风险的担忧。假设张大爷活到了90岁甚至更久，寿险公司需要提供更多的现金流，对自身的投资能力和风险处置能力都提出了更高的要求。

但在政府和学界眼中，以房养老之所以屡次被强调，是因为它除了能解决养老收入问题，还能消化一部分房地产存量资产。有专家指出，要允许寿险公司开发销售“参与型产品”，即让寿险公司参与分享房地产增值收益，充分调动供给端保险公司的积极性，进一步提高住房反向抵押产品的供给能力。但寿险公司永远坚持审慎至上的态度——我对超额收益真的没兴趣，我本来就是靠稳健经营安身立命的，你却总把我想象成博取短期利益的投机者。

一些人死活看不上，但另外一些人已经开始琢磨如何套利。过去几年，在为客户规划养老资产时，我们忽然发现：以房养老模式如果不加以限制，很有可能会被特定群体“钻空子”。

假设 1960 年出生的张三，赶上了房地产大潮，在 1995—2015 年（张三 35 岁至 55 岁时）购买了 10 套住宅，如今张三已经年过六十，他可以将其中一套住房实施以房养老，这样做的好处有很多。

第一，降低了房产税征缴额度。以房养老的本质在于房屋产权转移，说白了，既然这房子不是我的了，我自然可以免交一切税费。房产税尚未明确细则，但如果存在阶梯征收逻辑，则这一操作方法的潜在收益可能更大。

第二，低成本完成房产交割。我们都知道，阻碍二手房交易的一个因素是交易成本：二手房税费、中介费等。由于以房养老属于政府大力推动的项目，在整个过程中都遵循精简成本、节约手续的基本原则，上海等地区甚至针对以房养老的房屋评估采取减征甚至不征评估费的政策，让以房养老的交易成本降到最低。

第三，增加了资产配置的多元性。张三可以把 10 套房里价值偏低、变现较难的一套房用于以房养老，相当于增加了终身养老年金的配置，锚定了一个固定收益率。想获得这个收益率，一般必须通过一次性大额缴纳一笔保费才能实现。有了以房养老，相当于避免了一笔大额现金支出。同时，最重要的是，这套房子依然可以通过出租来获取租金。以价值 200 万元的房产为例，每年可以获得 6 万元养老金，外加 5 万元租金，相当于变相大幅提高了房屋租售比，盘活了劣级存量资产。

第四，对现有的生活状况和财富结构不会产生任何负面影响。10套房，抵押一套房，换取持续现金流，锁定收益。即使房产涨价，依然可以赎回。在善用机制的人眼里，这就是一笔稳赚不赔的买卖。

都是以房养老，不同人的思维和角度完全不一样。有钱人可以将其看作转移劣级资产的低成本方式，还提供现金流解决方案，同时还有一份低价的溢价期权（在涨价的情况下，只需规划已派发年金的本金加利息就能赎回房屋，赎回成本极低）。

作为负责财富管理的一方，我们其实并不在意制度和规则的落地和运行，客户利益最大化是我们的职业要求。但站在更宏观的角度，我们依然肩负着社会责任，真诚希望能把好钢用在刀刃上，避免公共政策和福利的错配。因此，以房养老制度要在房产认定上再做文章。比如，房产必须为被保险人的唯一住宅，可设置例外，但不允许多套房产的拥有者通过以房养老抵押变现的情况发生。同时，抵押后需保证长期居住在住宅内，不得转租或出租，通过定期回访等机制确保真实使用。

以房养老本来是一件利国利民的大好事，但让人意想不到的是，在过去十几年的时间里，全国各地产生多起披着以房养老外衣的理财骗局，将“以房养老”这四个字拖入了人人喊打的地步。这一点是监管和行业没有想到的。本来想踏踏实实做一件事，不料遇上老鼠屎，让原本就困难重重的工作变得更加棘手。我们一定要明确一点：在目前的监管制度下，只有寿险公司才可以设立以房养老项目。

认知决定出路，视野决定高度。老年之后有两种生活：一种生活是虽然没有房子，但收入殷实，生活充实，无牵无挂；另一种生活是虽然坐拥百万房产，但和自己无关，生活里充满和子女的钩心斗角。这两种极端生活也许不能代表全部，但一定存在于我们身边。

正是由于以房养老模式的缺位，现在和短期的未来，一定会有人数众多的有房住、没钱花的养老群体产生。当我们的房地产步入下行区间，反向遏制了寿险公司开展以房养老的动力，有房无钱一族除了要承受没钱花的窘境，还要忍受房产贬值的焦虑。我们经常说，2015—2020 年是最好的以房养老窗口期，越往后越难，希望我的判断是错的。

扫二维码
观看相关知识

延伸阅读

有钱了该不该还房贷？

房贷是有房之人不能忽视的大问题，公众号后台的留言里也常有关于房贷的提问。对于这个问题，我自己是这样考量的。

第一，房贷作为一种负债，表面上是你欠的一笔包含利息的钱，本质上是一种长期欠钱的权利。除了房贷，谁可以赋予你欠钱 30 年慢慢还的权利？房贷利率只是对这种权利所制定的价格。你不能只盯着价格这个数字，忘记了权利这个礼物，最终因小失大。

第二，提前偿还房贷，看似少交了利息，实际上失去了资金支配权和流动性。当你每个月省吃俭用超额还款，终于快把房贷还清时，除了拥有内心的快乐，还有空荡荡的银行账户，因为你把所有的流动资金都投入了不动产里。

第三，房贷的存在是为了让生活更美好，让你有机会去享受本就该做的事情（消费、养老、投资），而不是给你设立一个竞速比赛，看谁先还完。

第四，如果房贷有必要提前还，那其他类型的贷款更应该提前还，比如消费贷、车贷，因为这些中短期贷款利率更高。早点还，少交的利息更多。不妨再极端一点：你，根本就不应该贷款。

第五，如果提前还房贷很重要，还能占便宜，我们就不应该积累养老金和医疗险，应该取消五险一金，把里面的钱全部转移到公积金里，且要求你尽快提取、尽早还贷。

第六，如果你一生都在谨小慎微地还房贷，毫无储蓄，就会出现老了以后除了房子什么也没有的窘况。打个比方，你和槽叔都是 30 岁，咱俩的月薪都是 20000 元，每月房贷都是 8000 元，都是 25 年供款。我们采用了两种不同的人生财务规划。

槽叔省吃俭用，每个月就花 4000 元，剩余的 16000 元全部用于偿还房贷，终于在 45 岁（15 年后）全部偿还完毕。你则不同。每月还完房贷后，你从 12000 元里拨出 4000 元，放到养老金和保险上。45 岁时，你虽然还在还着房贷，但已经积累出了可贵的养老资产，而 45 岁的槽叔却失去了最宝贵的机会——时间。

更不用说，15 年来槽叔心头一直萦绕着“尽快还完不欠钱”的心结，头发已经秃完（这是真的事实）。

第七，当你妥善安排消费、养老之后确有富余资金，则可以提前还贷。具体方式应为循序渐进、随时调整，避免开弓没有回头箭。时刻告诉自己：提前还房贷，似乎是买到了高达 5% 的保本保息理财，但这个理财，一旦买了，永远无法取出[①]。

第八，从人生周期角度，拥有舒适的住房和拥有充足的养老金同等重要。只不过“舒适住房”一直和买房画等号，如果通过 5～10 年的努力让租赁市场长期发展，“00 后”或者“10 后”就不会像“70 后”“80 后”一样对房子有这么大的执念。

第九，如果你认为第八条不可信，请重新阅读第一条至第七条。

---

① 有人会说可以通过设立公司来实施房屋抵押经营贷，这是极为小众的选择，不在大多数消费者的生活范畴里。

7.3 养老是场持久战，心态一定要稳

> “你不承担义务，也相应地意味着你无法享受未来的权利。社保养老金是这一代青年人所承担的使命与责任，即使从功利角度来看，它依然有能力在未来提供本就属于你的那份收入，参与社保养老金，是最低成本的享受国家发展红利的方式。”

回想一下，观看《新闻联播》时，你有没有在节目最后五六分钟的国际新闻里见到过各种游行示威新闻？如果游行示威发生在欧洲，说不定就和养老金有关。

以英国、德国、法国和意大利为代表的欧洲福利国家，总人口占了欧洲人口的半壁江山，这些国家的养老金基本都参考或采用了俾斯麦型养老金体制，这一体制的特点是广覆盖（尽可能地覆盖在职人口）、高替代（养老金替代率要高）、强调代际循环（现收现付制的逻辑前提）。

但随着老龄化愈发严重，广覆盖和高替代不可能同时实现，民众变得怨声载道，虽然各国早已实施养老金制度改革，但许多问题积重

难返，最后往往陷入越改革越混乱的局面。民众对待养老金的心态很容易崩，示威游行就是“崩”了之后的结果。

在推行全民福利制度的欧洲国家中，养老金是社会福利支出中占比最大的开支，大约为总支出的 20%～45%。以 GDP 为核算单位，也占到了 5%～10%。养老金制度的改革过程必然意味着各方利益不断被协调、谈判，导致不同群体之间出现矛盾甚至对立，如果问题没有及时得到妥善解决，就会演变成你在新闻里看到的示威游行。赵本山大叔在小品里说的“国外比较乱套，成天钩心斗角”，正是对养老金制度改革引发矛盾最贴切的描述。

同样面临老龄化和养老危机的中国，国情不同，社会制度不同，如何用更宏观的视角理性看待养老问题，避免走向心态失衡？作为集体里的个体，我们应该如何避免情绪化认知？全书最后一节，我想聊聊这个看似没用，实则无比重要的话题。

代际冲突：没交钱的老人，能领养老金吗？

工作第一年，我回老家过年。刚刚加入寿险行业的我，从那时起已经开始关注养老相关的信息了。饭桌上，我第一次得知，当年已经 70 多岁的姥爷每个月能领 3000 多元的退休金。姥爷年轻时在部队的汽车连修了大半辈子汽车，后来转业到地方。我印象里姥爷没怎么交过养老金，按照中国养老制度的发展史，他所处的时代似乎也没赶上养老制度的建立。

再加上那时的我刚成为职场“社畜”，每个月的生活捉襟见肘，工资到手不到5000元，发工资当天就得去还信用卡，生活处于入不敷出的状态，尤其是会对每个月扣掉的五险一金耿耿于怀。听到姥爷的退休金，我的第一反应是：“姥爷，您年轻时都没交过养老金，怎么还能领3000多啊，都快赶上我一个月的工资了。”

当然，都是一家人，我的困惑不过是开玩笑式的吐槽。不管退休金从哪里来，我都觉得理所应当，甚至越多越好，毕竟他是我亲姥爷。但如果他不是我的姥爷呢？我对“不交钱却能领钱”这个现象，会不会产生抵触甚至反对的心态呢？

中国养老制度一直在西欧福利国家的普惠主义和美国、新加坡等国家的个人主义之间不断调节，试图找到一个兼顾公平、效率、满足感的平衡点。由于人口基数大，社会财富和政府财政无力支撑，我们不能盲目像西欧福利国家那样做到广覆盖、高替代。与此同时，我们也不能像美国、新加坡等国家只强调自己为自己，罔顾已经退休却没有缴纳过养老金的“老人”——须知“老人”们在“新人”们看不见的地方投入了大量的成本乃至毕生的精力。

而且，我们不能让新一代在养老金方面对老一代产生微词乃至不满，这种负面情绪会伴随着自身养老焦虑的产生而发酵，如果处理不好，极有可能衍生为代际冲突。如果在职人员认为自己付出得多、退休人员付出得少，内心会出现不平衡的心态。

欧洲福利国家其实早就遇到这个问题了。从20世纪80年代开始，以德国为代表的欧洲福利大国一直在探索养老金制度的改革，一个重要的社会压力就是代际冲突——凭什么让我们年轻人去赡养老人？等我们老了会有年轻人来养我们吗？

这一切是从什么时候开始的？代际冲突是怎么来的呢？这得从养老金制度的变化说起。随着人口压力增大，原先的单一现收现付制形式的持续性遇到挑战。因此，养老金制度从现收现付制转向基金积累制，政府希望将养老模式从“一代新人管旧人”转变为“每代人攒钱管自己”，只要建立了基金积累制，不管今后的人口结构如何变化，都不用担心养老问题。但问题是，变化不是一蹴而就的，而是一个过程。

在转变的过程中，神奇的双重缴费情况出现了。在职缴费员工一方面要为已退休人员提供养老金（统筹账户），另一方面也要为自己积攒养老金（个人账户），一个人既要管自己还要管别人，内心总归有些不平衡。[①]

除了代际冲突，还有收入冲突

和欧洲有所不同，中国本来是没有代际冲突的，因为家庭养老是中国长期存在的养老模式。

所谓家庭养老，就是由家庭内部成员负责老年人的生活与开支。如果家庭养老强度较高，那么养老金体系内存在的代际不平等就会被

---

① 见考斯塔·艾斯平－安德森《福利资本主义的三个世界》，郑秉文译，法律出版社，2003 年 11 月版。

家庭内的福利转移部分消解掉[1]。如果你儿女很多（比如三四个），你很容易倾向于认为自己老年后会受到（起码至少一个）子女的扶持，决定你的老年生活质量的核心因素是子女是否孝顺。相对而言，你就不会那么关注外部社会的代际问题——反正都是我的子女来赡养我，社会发生的变化我可以充耳不闻。

家庭对于老年人的支持主要有三个方面——物质转移、照料服务、情感支持，这三点分别对应经济赡养、生活照料、精神安慰。家庭关系是丰富而复杂的，除了父辈和晚辈的辈分关系，还有配偶之间的婚姻关系。[2]所以家庭养老的最终结构是矩阵式的——纵向的代际扶持，横向的配偶协助，甚至出现了斜向交叉的扶持关系（通俗地讲就是媳妇赡养婆婆、姑爷伺候丈母娘）。

但随着家庭越来越小，独居、同居、单亲、重组家庭等新形式普及，传统的家庭养老模式受到了严重的冲击，独生子女模式下家庭养老难以为继，因此，代际冲突就成为养老矛盾从家庭内部转向外部（社会层面）的重大导火索。在可以预见的短期未来，代际冲突会随着养老问题的严峻和扩大成为热点议题。当实际社会资源紧缺，不同年龄人群之间需要针对某一资源进行竞争时，年轻群体就容易对老年福利制度产生抵触情绪，阻碍原福利服务的实施，进而使相应福利政策的效果大打折扣。

除了代际冲突，随着社会财富分配的调整和变化，冲突和矛盾会

---

① 见刘骥《阶级分化与代际分裂》第 3 页，北京大学出版社，2008 年 10 月版。

② 见张敏杰的《中外家庭养老方式的比较和中国养老方式的完善》，刊载于 1994 年第 4 期《社会学研究》。

以新的形式发生并演化，这个新的冲突就是收入冲突。

我们村的王大婶儿女成群，一大家子和和美美，但王大婶在表面的幸福之下，还隐藏着一丝不快——邻村赵大妈家太有钱了，20 世纪 90 年代末就开上了小轿车，退休后每年都去旅游，看得人眼红。家庭养老模式的成熟，会间接使得家庭外部的收入冲突更容易成为养老领域关注的热点议题。

讨论收入冲突，真实的数据更有说服力。2020 年，招商银行零售客户数达 1.58 亿户，同比增长 9.7%，其中金葵花（拥有 50 万元以上资产）及以上客户达 310 万户，同比增长 17.2%；私人银行（拥有 1000 万元以上资产）客户近 10 万户，增速达 22.4%。日均总资产 50 万元以上的客户，不到招行客户总数的 2%，但贡献了 8.2 万亿的 AUM（资产管理规模），占比超过 80%。平安银行私行客户约 7 万人，每人平均 AUM 为 2000 万元，总计 1.4 万亿元。另一个数据则更有冲击力。截至 2021 年上半年，公募基金 23 万亿元，较 2020 年年末增长了超过 10 个百分点。而面向中高净值客户（单笔投资额在 100 万元及以上）的私募投资基金市场，扩张更加迅速，全市场私募投资基金管理规模达到 17.9 万亿元，增速不逊于公募基金[①]。

① 中高净值人群用作理财投资的金额（私募基金市场规模）已经显著大于全中国人民的养老金储备了（第一、第二支柱相加得到的 10 万亿元）。

辩证思考，养老这件事没法“躺平”

当前中国的难点在于，家庭养老理念面临消减的压力，改革开放后的财富分配也形成了收入分层，代际矛盾和收入矛盾同时存在，养老问题处理起来就更加棘手了。

但越是争议四起，越要客观冷静地分析和应对。有些观点认为，第二支柱和第三支柱都是自己为自己储蓄，自我属性较强，不仅违背了第一支柱代表的养老金共济性质，还会加剧社会财富的分配不均。因此，他们认为鼓励做大储蓄型养老金会加剧社会的不公，甚至将第一支柱社保养老金的个人账户也归入此类逻辑范畴。这个观点看似公平，但陷入了平均主义的低效率陷阱。

第一，我国以“集体保障”为主的第一支柱是在养老金体系起步时“一穷二白”的情况下不得已的选择，当人口代际可持续时，该模式产生的收益为正。反之，违背客观趋势，继续减收这种集体保障模式，才是对所有人最大的不负责，最终会使每个人都不得不陷入集体困境。集体保障当然不可偏废，但目前已经到了必须尽快引入个人保障的时候了，如果没有这样的意识，第一支柱也不会按照统筹账户和个人账户并行这种少见的形式存在。

第二，个人养老金（第三支柱）拥有极强的外部性，远不仅仅是“肥了个体”的简单逻辑。首先，以养老保险为代表的长期资金可以更广泛地用于投资基建、铁路等国计民生项目，资金的长期性可以确保项目的稳定性。过去十几年，保险资金广泛参与能源、基建等领域的投资，通过“看不见的手”为宏观经济的发展做出了贡献。其次，投资权益市场的养老金可以有效推动资本市场健康发展，进而改善融资的环境和结构。我国现行的社会融资体制高度依赖债务融资。社会融资存量中，各种类型的债权融资占97%，上市公司发行股票融资占3%。企业“融资难、融资贵”的问题长期难以解决，抑制了经济体系的内在创新动力。让社会融资从债券融资转向股权融资，是触发经济二次活力的重要抓手，而拥有长期资金属性的养老金则可以在其中发挥重要作用。

如果上面的这些话对你来说只是空中楼阁，让你觉得离自己很远的话，不如换个角度思考个人养老金的意义。

当代许多中青年群体总喜欢把“躺平”挂在嘴边，对待养老，特别容易陷入悲观主义的氛围里。因为养老和消费不同，满足感和成就感需要递延到几十年之后才能体会，所以实践起来绝非易事。但从自私自利的角度来说，越晚积攒个人养老金，你承受的负面效应就越大。

对于面临养老金危机的一代人来说，对个人养老金的选择如同囚徒困境，如果大家都选择“躺平”，那最后也许会收获父权主义政府带来的普世性救助，最终的结果是“虽然很糟糕，但起码很公平”。但只要有群体选择拒绝“躺平”，积累养老金，并如滚雪球一般形成群体效应，那么结局就会出现差异——坚持选择“躺平”的人就会看到肉眼可见的差异发生，且发生在了自己的身上。

面对新一代自我主义爆棚、“躺平”挂嘴边的特点，有没有一种方法可以解决呢？有，就是厘清权利和义务，做一个独行侠。

什么叫独行侠？就是你可以不交社保养老金，这样一来，你就无须承担时间和空间带给你的双重压力了。你既不需要为已经老去的一代人负担退休收入，也不需要担心各地情况有差异，甚至你去大洋彼岸也没有关系，因为你攒的每一分钱，都是你自己的。

这不是我随口说说，如果你真的是灵活就业人员，或者新一代的自由职业者，你可以将自己几乎所有的养老储备放入第三支柱。这样一来也意味着当前共济式的第一支柱养老金，无须投入精力和真金白银了。一切听上去都很美好对不对？Z 世代估计已经打开香槟庆祝了：太好了，我们这一代终于无须承受这“沉重”的负担了！

但请注意，你不承担义务，也相应地意味着你无法享受未来的权利。社保养老金是这一代青年人所承担的使命与责任，即使从功利角度来看，它依然有能力在未来提供本就属于你的那份收入，参与社保养老金，是最低成本的享受国家发展红利的方式。它就是你未来分享国运的期权，如果你现在不加入，未来自然也没有资格去分享。如果你曾经对于“个人命运与国家息息相关”这句话没有具象的认识，不妨以社保养老金作为理解的抓手。

第三支柱的重要性毋庸讳言，自我认定的贫穷不是第三支柱的敌人，认知和行动力的不足才是敌人，尤其是行动力不足。养老不是你躺在床上刷刷手机、喊喊口号就能实现的，养老是你放下书，拿起笔和纸，算出你的财务状况，然后拨出一部分甚至一大部分放进养老账户。这可比把大象放进冰箱要难多了。

最重要的不是钞票，而是心态。

— 延伸阅读

一张卖15元的保单[1]

多年前，还在实习时我碰见一个老大爷，我们可以叫他张叔。他那年68岁，是一位退休的公务员。此时的他正站在一幅易拉宝广告牌前仔细阅读保险条款，对于他来说，这上面的字密密麻麻，读起来确实有点费劲。

“小伙子，能不能麻烦给我解释一下这个保险啊？”

“哦，这个保险针对50岁以上、常住北京的老年人，保险范围主要包括乘坐公共交通工具和进入公园、博物馆、医院等公共场所。”

这句话已经被我打磨了好多次，确保使用的是最准确、最简练的表达，不相干的信息一律剔除了——一来确保准确传达条款的核心概念，二来也是因为每分钟都有叔叔阿姨过来咨询同样的问题，尽可能简洁地做

① 本文写于10年前，系槽叔毕业后刚刚入职某家保险央企、作为新人下基层锻炼时的所见所闻。

出回答能节省不少时间，稍带缓解一点我略显焦躁的情绪，毕竟我已经连着五天说一样的话了。

说起来，这都是因为最近推出了一份带有政府民生保障性质的老年人意外险。恰好我作为新员工，被安排到业务最前端的柜面实习，于是就以柜面工作人员的身份售卖这份保险。

张叔不明白的地方有很多，比如医保报销后剩余的部分怎么报，自费部分和自付部分是不是都能理赔，出了公园的大门算不算在公园里，在北京郊区算不算是保险范围以内，因为意外导致的并发症为什么不在保险责任范围内……凡此种种，有些和条款的具体解释有关，有些则更加宏观，需要普及一些和保险有关的基本知识，比如：15 块钱买的保险本来就很便宜了，不可能什么都保啊！

聊天的时候，张叔的逻辑很清晰，表达虽然缓慢，但是能看出来都是经过认真琢磨的，我觉得这可能和他的职业习惯有关。他往往先给我假设一个十分具体的情景，然后再问我该类情况是否属于被保险范围。比如，老伴从地坛公园出来，刚出了门，就摔倒了。“这个，你说保不保？”

我说因为已经离开公园了，根据保险范围的规定，被保险人在“进入”这些场所的时候才属于保障范围。

我一边和他说话，一边时不时地根据交费凭证配发保单。其间不少叔叔阿姨都围了上来——因为张叔假设的情景太活灵活现，以至于每个有投保意愿的老年人都觉得他说出了自己的疑惑和心声。

“你看你看，这个就不保了。”人群中有些骚动，大家都觉得，人一出地坛公园的大门，保险公司就不认账了。

我上学的时候，传播学里有个很基本的概念叫“意见领袖”，说白了就是大家的想法都跟着这个领袖走，领袖影响了我们对于许多事物的判断。在当天上午11 点到 12 点的这一个小时里，这个柜面人口最密集区域的意见领袖就是张叔。

从 11 点开始，张叔拉着我聊了差不多一个小时，虽然和老年人沟通或多或少地让我有点着急，但这也是件好事，起码我可以暂时休息一会儿，不用去帮叔叔阿姨们挨个激活保单了。

所谓的“激活保单”，本义是指客户购买完卡折形式的保单后，刮开保单上的密码，登录指定网站并输入保单号、密码和被保人的各项信息，使保单生效的一个过程。其实，这样一种投保形式本身无可厚非，既符合这类短险的合规要求，也被长时间的实践证明了可行性。当初选择这样一种保单形式更多的是考虑到销售效率和便捷性，所以最终结果就是，将某些环节的工作“分配”给了客户去做。只是这次放到了叔叔阿姨们身上，操作起来稍微有点费劲。

起初我建议叔叔阿姨们回去让孩子帮忙激活，得到的答案清一色是：孩子不在身边。要么在国外，要么住得远，当然，还有一种情况：“孩子们才懒得管这事呢。”

柜面的工作人员——因为她们几乎都是大我几岁的女同胞，所以我统一称为姐姐——常和我说，老人们都有这样的情况，所以能帮他们做一点就是一点。尽管我还是会说一些类似于“激活不属于合同规定的义务”或者“因未激活导致保单未及时生效并不属于保险公司的责任”的观点，姐姐们也往往只是笑一笑，还是劝我多一些耐心。

于是乎，柜面的公用电脑处排起了长长的队伍，专门配备的工作人员挨个帮助老人们激活。

到了 12 点，张叔终于做了购买的决定，于是，开票，交费，发卡，激活，一来二去还算挺快。

“小伙子，我还有最后一个问题。”张叔也许是因为感觉时间也挺晚了，所以问得有些急促，“我在医院摔了，谁能证明啊？”

我说只要医院给开具一份文书，证明您是在该医院摔倒的即可。类似地，公园也有公园管理处，每个场所都有对应的管理部门，他们开具的证明是可以作为理赔依据的。

张叔长长地“哦”了一声，有点如释重负的感觉，他又站在易拉宝广告前面看了半分多钟，叠好手里的 8 张保单转身出门。刚走到门口，张叔又回来了，问我怎么称呼，我说您叫我小高就行，然后他看着我，慢慢地说：“我这个人是有点啰唆，话多了点，谢谢你。”话音未落就伸出手来和我握手。

就在那个时候，我心里一惊。要是我告诉你，我有些感动，又有点受宠若惊，还觉得自己看似理性的观点显得太过冷漠的话，你可能觉得我有点矫情，但这就是我想说的。

番外篇

关于养老，我和太太聊了一下

除了编辑，第一个读到这本书的人是我的妻子——她和我一起读书、一起毕业，在职场打拼多年，用时髦的话来说，拼出了一条自己的“赛道”。每个月她都默默交社保，过去几年也看着我在养老金财富管理这件事上走得越来越扎实。纵使如此，她心中依然对养老有着隐隐的不安，但又不知从何谈起。

读完终稿后，她说，很过瘾，基本解答了内心对养老的许多困惑。但与此同时，她也有许多疑问和不解。现奉上我们俩的对话录（简版），以飨读者。

妻子：我其实有点搞不懂，第三支柱到底是个什么东西？你看，最近新闻里说，国务院搞了一个个人养老金账户，然后你这本书里又说第三支柱，然后还有保险、基金啊这些产品，就很乱、很奇怪，能不能梳理一下。

槽叔：是这样的。你提到的这些碎片信息，是有从大到小的逻辑顺序的。最大的概念，是第三支柱，指的就是个人为养老攒钱。怎么攒呢？购买金融产品。你说我有房子、收藏、古玩，对不起，这些不属于第三支柱，第三支柱首先必须是资金，其次要进入一个账户里，你可以让它在那儿啥也不干，但这样的话不仅没有收益，还随时可能被支取，所以为了解决这些问题，我们需要将这些资金进行分门别类的配置，于是就有了第三支柱。

在第三支柱下面，有两个分支概念：个人养老金账户、个人商业养老金。听上去有点绕，其实很简单。

个人养老金账户，指的是可以享受个人所得税递延的养老金储蓄。你往这个账户里存钱，然后购买指定的金融产品，比如保险、基金等，每年可以获得最高 12000 元的抵扣额度，再高就没有了，起码目前是这样的。

个人商业养老金，指的是你自行购买的各类养老金融产品，但它们没有税收优惠，不用通过个人养老金账户去买。我的这本书，讲的就是个人商业养老金。

个人养老金账户和个人商业养老金有什么区别吗？第一个区别是税收优惠，前者有，后者没有。准确地说，前者的"有"针对的是中高收入群体，具体要结合实际情况分析。第二个区别是功能性不同。如果你和我一样，对每年积累 12000 元这个水平不太满意，想再攒一点，可以吗？当然可以，你可以去参考本书里的黄金三角理论配置个人商业养老金，我在书里直接用第三支柱统称了。

个人商业养老金，看似没有税收优惠，但实际上你的选择面会更广、更全。如果配置得当，你的产品收益率、综合增值服务会更强，个人商业养老金应该是你的主战场。

以我为例，我从 2022 年才开始积累个人养老金账户，我图的就是税收递延，我对这个账户下包含的产品并没有太多期待。但我的个人商业养老金从好几年前就开始积累了，这里的产品比个人养老金账户里的还要好，选择面更广。

从投入金额来看，个人养老金账户每年交 12000 元，我从现在才开始交，交 20 年，累计投入 24 万元。而我的个人商业养老金累计投入至少 300 万元。个人养老金账户只占我养老总投入的 6%～7%，几乎可以忽略不计。

妻子：OK，这个我理解了，但我还有一个困惑，为啥你一上来就要晒你的社保单呢？这单子上有月薪，是你的隐私，我不太理解。

槽叔：工资当然是隐私，但科普作者是信息的传播载体，一切有利于高效传递信息且不损害其他人的方法，都值得被采用，这是方法论层面的考量。另外，还有一点更重要，在金融、医学等实践领域，最重要的科普一定是知行合一的——你说的和你做的必须是一致的，并不是我为了科普而科普，而是我本来就是这么做的。

至于为什么选择2019年，主要有两个原因：第一，2019年我的工资发生了变动，这很有意义，因为只有工资发生变动，读者才能看出社保缴费发生的对应的变动；第二，也是最重要的，在2019年上调工资后，我的月薪变成了当时北京社平工资的3倍，这也能帮助读者更好地理解“社保缴费上限”这个规则。如果某位读者的月薪也是3倍社平工资，他一定会受到触动，引发共鸣，实现科普的目标。还是那句话，一切有利于高效传递信息且不损害其他人的方法，都值得采用。

妻子：主要是，你这样晒你的工资，读者会觉得你很嘚瑟。

槽叔：所以你的意思是，我的工资很高？

妻子：拉倒吧，我没觉得你工资高。

槽叔：那怎么能谈得上嘚瑟呢？我是家里赚钱主力，那时候家里每个月房贷 1 万多元，娃才 2 岁，花钱的地方很多。其实身边很多人和我的情况是一样的，看似收入不低，但花钱的地方很多。我不希望读者去关注收入，收入是工具，服务于养老科普这个目的。我的收入有多少不重要，我就是一个渴望引发你的思考的真实案例。李宗盛在演唱会开场时说，“关于我们的事，他们统统都猜错”。

妻子： 除了工资，还有一点我觉得挺怪，就是你说你计划为养老金投入 300 多万元。这会不会有点多？

槽叔： 这个计划几年前就已经在执行了，只是还没和你系统介绍过而已。这个计划在财务上绝对是健康的，你大可放心。至于 300 万元很多，这其实是一个误解，主要有两个方面的原因：第一，这是积累期拉长到 30 多年的数额，30 多年攒出 300 多万，并不过分。结合我的收入、所在城市、养老收入需求，这个数额是合理的。第二，由于人均寿命的增加，60 多岁退休后，我还需要生活 20 多年甚至更久。按年收入 50 万元计算，我仅用自己 6 年多的收入去供养退休后活 20 年甚至更久的自己，即使考虑到长期复利增值，这种安排也根本谈不上厚待，只能说相对公允。第三，很多人喜欢把自己名下的一套投资房产作为养老用途，这其实充分说明了很多人对养老的需求是很高的，只不过他只接受以房产作为载体。当然，正如我在书里所分析的，房产价值并不等同于养老资产，这一点是需要格外警惕的。

妻子： 但 300 多万这个数字，听上去还是太吓人了。

槽叔：300 多万不是正确答案，只是我的个人亲身试验，是我基于我的个人情况给出的答案。每个人的养老收入框架都是不同的。作为一个半自由职业者，我没有第二支柱。不管是企业年金还是职业年金，第二支柱惠及了 7000 多万人。算上第二支柱，每人每年也有 2 万～3 万元的储存额。

我认为养老金应该有个区间。把第二支柱和第三支柱加总，最少 100 万元，最多 1500 万元。这个区间可以涵盖城市化完成之后 80% 的主体（含家庭）了。100 万元是什么概念呢？在二、三线城市，是一套 90 平方米的两室一厅。

有第一支柱的绝对保底，你再花 30～40 年积累 100 万元的第二、第三支柱，相当于每年平均 2 万多元。你可能会说："哎呀，我现在每个月的收入才六七千元，攒不下两千元。"不要这么焦虑，这本书的读者，我相信你会经历收入不断向上的过程。除了个人的努力，全社会层面的短期储蓄和房贷思维会慢慢退潮，留给你的长期储蓄子弹会越来越多。在两者的合理作用下，100 万元也好，300 万元也好，都不是一个夸张的目标。

妻子：上一本书里，你说，要讨好所有人，很难做到，那这本书你也想讨好所有人吗？

槽叔：我在上一本书的后记里说，我希望讨好从业者、监管、消费者，事实上我觉得我做到了。但在写这本书的时候，我发现我做不到了。

我是社保养老金的坚定支持者，但依然有大量的网友说社保就是庞氏骗局，养老金这件事已经变成了一个塔西佗陷阱[1]，所以我倒真的蛮淡定的了。一个分裂而扭曲的世界是什么样的？美国等西方国家已经给我们上了一堂生动的演示课了，在养老金这件事上，管好自己就是最大的贡献。

银行从业者不满意，因为我认为银行理财短期内还不能完美胜任个人养老金的组合需求；保险从业者不满意，因为我竟然敢让养老金去买高风险的权益基金；基金从业者不满意，因为我竟然没有照搬照抄美国经验。这本书从一开始就没打算让所有人满意，我把客观世界的经验和自己的行为经验做了结合，找到认可的读者就够了。我们经常说中国特色社会主义养老金体制，什么叫中国特色？就是要先符合咱们中国人的性格、习惯、行为，再结合中国当下金融和社会状况，最后做出调整。

妻子：所以该如何评价社保养老呢？

槽叔：这种“如何评价”的问题其实非常无聊，因为它没有指导性，听了也没用。很多时候网上的这种所谓“如何评价”类的问题都是帮你在马桶上消磨时间的。我觉得准确理解政府、企业、个人的关系，才是规划养老的底层逻辑。政府牵头的社保，本质上是保基

① “塔西佗陷阱”一词源于古罗马执政官塔西佗所著历史书中的一段表述：“一旦皇帝成了人们憎恨的对象，他做的好事和坏事就同样会引起人们对他的厌恶。”按照现在网络上流行的理解，所谓“塔西佗陷阱”，就是当政府丧失公信力后，无论说什么、做什么，人们都会认为它是在说假话、做坏事。见人民网文章《人民日报整版探讨“塔西佗陷阱”：不能盲目使用》。

本、防致贫，政府一再强调，要把保障和改善民生建立在经济发展和财力可持续的基础之上，不要好高骛远，吊高胃口，做兑现不了的承诺。政府不能什么都包，重点是加强基础性、普惠性、兜底性的民生保障建设。即使将来发展水平更高、财力更雄厚了，也不能提过高的目标、搞过头的保障，坚决防止落入“福利主义”养懒汉的陷阱。你总说我喜欢看枯燥的新闻，其实一点都不枯燥，新闻是正在发生的历史，而且有些历史并不遥远。希腊债务危机，本质上就是福利陷阱的一种表现。盲目向民众提出不切实际的承诺，最后就是搬起石头砸自己的脚。我们看好莱坞的电影，很多邋遢的所谓的“白左”穷人，其实只要履行自己基本的职责就可以了，但错配的福利制度和披着个人主义外衣的自私心态毁掉了一代人。

政府之后，就是企业。企业自身经营效益的好坏，自然也会反映在员工福利待遇上。第二支柱的本质就是企业员工对企业经营成果的利润再分配。接受了这个事实，自然就接受了“我有第二支柱但你没有”的事实，企业经营有好坏，宏观经济环境有波动，这都是正常现象，良禽择木而栖。还有，短期内第二支柱的普及率不会大幅提升，这也是一个事实。

妻子： 你对社保养老金的担忧，会是一种政治不正确吗？有没有风险？

槽叔： 你不用担心我，我的所有表达都考量了舆论和宏观政策。我在脑海里会模拟出各式各样的聚光灯。你说的这个潜在问题，我在写书之前就花了很长的时间思考。我也和人社口、金融口相关的体制内的朋友聊过，我认为，客观而理性地评价社保养老基金的承压情况，是合理的观点。

事到如今，摆在我们面前的有两条路：第一条路是咬死社保养老金太棒了，你必须交得多多的，它一定有能力给你提供殷实的养老生活。但这样做反而是不对的，因为这个观点是不能由我这个普通的科普作者来说的，我个人的背书在社保养老金的有效性面前一文不值，所以我没有必要为了褒奖而褒奖。这是第一条路，走不通。第二条路，是彻底认清社保养老金的底层运行逻辑，降低过高的、不切实际的预期，然后踏踏实实地自己积累养老金，我认为这个结果，从政府角度来说是乐见其成的。

妻子：第三支柱今年开始启动了，你怎么看第三支柱，如果做不起来怎么办？

槽叔：如果做不起来，会非常麻烦。别人不敢这么说，我直抒胸臆。为什么呢？第一，第一支柱本质是财政补贴。财政要补贴的地方太多太多了，不光是养老，医疗、低保、社会建设等，还有公务员和事业单位人员工资和福利的按时发放，到处都需要用钱。在这样一个用钱的环节里，遵循的永远是扶危济贫的原则，你指望财政支持的社保养老金让你的老年活得安逸充实？我怕你是对于社会基本运行规律没有足够的认知。

第二，咱们来说第二支柱。第二支柱目前遇到了巨大的瓶颈，根据过去三四年的数据我们发现，第二支柱的增长势头很平稳，而且许多增长来自“存量业务的贡献”（已经加入企业年金的人，收入持续发放，导致第二支柱资产规模增加，这种增长属于计划内增长），核心数据指标“新增企业账户”却并不理想。因为企业就是没有动力加入，比如某些大公司，家大业大，都不愿意花一点点钱来做企业年金（这里无关对错，只是一种对现象的陈述）。比如我们的小团队，我试图说服大家加入，但效果不好。其实第二支柱发展不好，没关系，别焦虑，只要把第三支柱做好就行，这样就能补上拼图的最后一块图案。一旦我们的老百姓理解并执行第三支柱的理念，收入其实不会比第二支柱差。

妻子：上周我和咱们小区的邻居聊天，聊到养老，说我老公养老金里有一部分是终身养老年金，60 岁开始每月领 1 万元，他们的第一反应是“1 万元够干啥呀”，确实内心是有点看不上的。

槽叔：哪个邻居啊？

妻子：就是 4 号楼的 ×××。

槽叔：那肯定啊，她就是一个心气很高的人啊，向来是啥都看不上。其实网上也有很多人吐槽我这个月领 1 万元的说法。这个问题我思考过，真的很有意思。首先，这 1 万元只是我养老收入的一部分，对于够不够这类问题，切忌以偏概全。其次，我觉得聊天时人的大脑是不会做逻辑推演的，基本上就是一种放松状态，那我觉得多少钱都不够，反正随口一说嘛，又不用交钱，也不用交税。所以大可不必当真。

我们回头去看 2000 年的工资，和现在变化很大吗？如果不计算房子的话，通胀是比较温和的。2000 年的时候，月薪三四千元属于中等偏上，现在月薪三四千元属于中等偏下，整体收入水平也是温和上涨的。我们对通胀的焦虑、对收入的不满意，都是在隐晦地抱怨房价。如果你不能从这种隐性抱怨里走出来，你一辈子都会被这种怨念束缚。

在我的第三支柱体系里，终身养老年金回答的是“如果我混得很惨，我该如何活下去”这个问题，我希望我通过努力工作实现更好的生活，最终避免上述假设出现。这就是为什么终身养老年金在我的养老金里面只占 30%。我把更多的资金放到了其他的金融资产里——增额终身寿险、医疗通胀基金、长期护理险、养老目标基金、中高风险基金等。

妻子：那如果我买基金，本来是为了养老，但跌了怎么办？

槽叔：下跌这件事确实是很可怕的，可怕的不是下跌本身，而是下跌引发的民意。民意是一种很玄妙的东西。掀起一场民粹味道十足的网络举动非常简单，只要几个自媒体发几篇《你的养老金竟然亏了！》之类的新闻，就会引发很多人怨声载道。任何一个微小的舆论都有可能在经过扭曲后快速发酵，最终达到无法控制的地步。所以当你看到这类新闻时要保持冷静，你要明确在养老金储备过程中的必然风险和个人选择，明确政府、企业和个体的权利义务，管理好自己的情绪。这比你投资收益率高几个点、养老年金多领几百元，要重要得多。

我想再强调一遍，公募基金——尤其是含权益类的公募基金——

在个人养老金里的占比应当受到限制，实际占比是很低的，20% 多而已。社保养老金是这么做的，企业年金是这么做的，社保基金理事会是这么做的，我也是这么做的，我在书里也是这么建议大家的（知行合一）。好，既然占比很低，那么它的波动、回撤甚至下跌，都是在你容忍度范围内的，可接受的。我希望大家一定要牢固树立这个认知，唯有基于科学架构，才能抵御内心波澜。

妻子：你在书里说，养老金规划时可以按照“超越同龄人”的思维来做，怎么理解呢?

槽叔：其实咱们上学的时候不就是在攀比吗？成绩排名，你换个词就行了——比学赶帮，这样更贴切。

个人的利己主义如果形成规模，就会自发形成良性竞争的格局，同时倒逼市场从供给方（金融产品、养老服务等）形成自上而下的改革。和所谓的大平层、新款陆巡、新款爱马仕不一样，养老金是一个结果正确的选择，我们现在的社会很神奇，最好的说服都用在了消费主义上面，顶尖的人才都在劝你买买买，正经事大家反而看不到。

妻子：但不排除有些读者会认为第三支柱只是给有钱人准备的，甚至会认为作者有些社会达尔文主义。

槽叔：先不论这个观点正确与否，我最关心的是他到底做了什么。如果他嘴上说我是一个社会达尔文主义者，实际上却偷偷积攒了养老金，我认为他就是知行不合一。因为他的行动已经表明他和我的观点是一致的，所以我倾向于理解为他对本书的评价只是随口说说。现在的公共领域的讨论不用特别在意，因为有时候读者或者网友表达的初衷并不是为了严肃讨论问题，而是为了抛个梗、放松一下紧张的心情。尤其是在有了弹幕之后，这个现象就越来越明显了。弹幕这个东西本来是为了偶尔调节一下气氛的，但现在似乎变成了阅读和观看时的重点，这一点让我难以理解。所以我一直认为“你说什么我不在乎，你做什么我最看重”。就像年轻人经常在弹幕里刷“我要‘躺平’，我不想起来了”，第二天还是要上班的。因为其实大多数情况下，我们的工作和生活都在变得更好，只是基于更完善的信息、更高的受教育程度，我们对现实的忍耐度在降低，所以负面情绪就肉眼可见地多起来了。

妻子：但你也要接受人家“躺平”啊。

槽叔：我没说不接受啊，而且我觉得你的价值观是有问题的，总是极端化，不是“躺平”就是“内卷”，实际上“躺平”躺得没那么平，“内卷”卷得也没那么卷。你以为回老家就能“躺平”吗？我的老家，某二线省会城市，生活一点也不安逸。安逸的人，在哪个城市都能安逸，不安逸的人，你扔到任何一个角落都会焦虑。所以别天天鼓吹什么“回老家‘躺平’”，越是这种人越容易焦虑，而且执行力很差。

妻子：但如果我就是没钱呢？

槽叔：第一，接受“照这样下去，我的养老收入比其他人更低”

的事实。第二，努力改变，但这需要时间，要尊重客观规律。

我们经常说奢侈品是给有钱人买的，难道我出一本《LV 品鉴指南》就是错的吗？何况养老金根本不是奢侈品，我们为了面子宁愿花几十万买辆车，都不愿意把其中的 10% 拨出来放到养老金里，这显然不能用“我没钱”来解释。还是那句话，要准确区分困难和抱怨，如果不能从价值观上建立对养老金的重视，你总是会给自己找理由，甚至还会“甩锅”到别人身上——比如某个写书的科普作者（暗指自己）。

妻子：但消费这件事对经济发展是非常有帮助的呀，你也不能去指摘人家。

槽叔：我并没有指摘人家。消费对 GDP 的贡献毋庸置疑，尤其是以服务业为代表的第三产业让钱可以持续运转起来，这个道理我了然于胸。但养老也很重要啊，我只是在做我的工作。你这就有点偷换概念了。

妻子：我觉得你活得太累了，天天想着死了怎么办、活得太长了怎么办。就不能简单点吗？活在当下。

槽叔：对风险和养老进行分析和规划是我的工作，我只是尽力把我的工作做好而已，这就是最好的“活在当下”。咱们之所以走到今天，看似平静的背后，实际上是因为我做了大量的筹划和安排，你又不用操心，我还乐在其中，这难道不好吗？

妻子：没有，我特别认可并理解你的工作，我现在也成了养老科普小能手了，逢人就说养老问题太重要了，一定要尽快搞定。

槽叔：说重要也重要，说不重要也不重要，养老问题是国家的“家里”问题，后花园不能着火。只有让人民群众对于自己的养老没有后顾之忧，他们才能全身心地扑到工作上。和国家工程建设、国防建设相比，养老制度实在是微不足道。而且完美的养老规划应该是让人无感的，静静地躺在那里，不会影响你生活的节奏。就像城市管网等基础设施建设，衡量成功与否的标准就是居民是否有所觉察。如果老百姓没觉得哪里不舒服，就说明一个城市的市政建设做得好，让百姓可以安居乐业而无须每天都操心。养老金制度也是如此。不管是默默积累的第一支柱，还是企业牵头的第二支柱，抑或是自己发起的第三支柱，只要能打心眼里意识到政府有兜底、企业有担当、个人有存粮，安逸的老年生活就不是奢望。

妻子：这本书写了这么久，你觉得这本书的目的达到了吗？

槽叔：这本书有两个目的：第一个是告诉你，现在时候已经到了，你要开始行动了；第二个是告诉你具体怎么做。第一个目的是最重要的。我们很多时候在怎么做上纠结，然后迟迟不做。很多时候最重要的是“模糊的正确”。比如，有个客户想做两笔养老金资产，一笔是终身养老年金，总投入是 80 万元，另一笔是公募基金组合，总投入是 120 万元。选择终身养老年金时，他一直在两款产品之间纠结，其实纠结的点非常小，最后其中一款因为偿付能力吃紧，停售了，再也买不到了。那边的基金呢，有几只净值涨上去了，又觉得高估了，想等等，一下子耽误了半年时间。这里的成本其实是他的时间成本和精神成本。希望每个读者都能认识到执行力的重要性，很多事回头看，你都只会感叹“为什么没有早点去做”，养老绝对是其中之一。

附录

五个必备
养老锦囊

附录 1：退休后，社保养老能发多少？
——社保养老模拟测算

以北京城镇职工社保养老金领取公式为例，我们来测算一下槽叔 60 岁退休后的领取金额。

测算前，我们先模拟三种假设：审慎假设，中性假设，乐观假设。

	审慎假设	中性假设	乐观假设
个人工资	1 倍社平工资	2 倍社平工资	3 倍社平工资
缴费年限	20 年	25 年	30 年
社会平均工资涨幅	1%	2%	3%
个人账户收益率	1%	2%	3%

这三种假设代表了对个人工资、缴费年限、社平工资涨幅、个人账户收益率的不同预期。社平工资以北京 2020 年的社平工资 9000 元为准。

在这三种假设下，分别能领到多少退休金呢?

审慎假设：只缴纳 20 年，50～60 岁处于失业状态，没有其他养老积累。工资一直和社平工资保持一致，社平工资每年上涨 1%（单利），个人账户投资收益率为 1%（复利）。该假设下，退休前（50 岁）的月收入为 10710 元，60 岁退休时的退休金为 3976 元。

审慎（单位：元）			
年份	社平工资（缴费基数）	每月工资	个人账户年储存额
1	9000	9000	8640
2	9090	9090	8726.4
3	9180	9180	8812.8
4	9270	9270	8899.2
5	9360	9360	8985.6
6	9450	9450	9072
7	9540	9540	9158.4
8	9630	9630	9244.8
9	9720	9720	9331.2
10	9810	9810	9417.6
11	9900	9900	9504
12	9990	9990	9590.4
13	10080	10080	9676.8
14	10170	10170	9763.2
15	10260	10260	9849.6

续表

16	10350	10350	9936
17	10440	10440	10022.4
18	10530	10530	10108.8
19	10620	10620	10195.2
20	10710	10710	10281.6
21	10800		
22	10890		
23	10980		
24	11070		
25	11160		
26	11250		
27	11340		
28	11430		
29	11520		
30	11610		

中性假设：缴纳 25 年，55～60 岁处于半退休状态，没有其他养老积累。工资一直是 2 倍社平工资，社平工资每年上涨 2%（单利），个人账户投资收益率为 2%（复利）。该假设下，退休前（55 岁）的月收入为 26640 元，60 岁退休时的退休金为 10800 元。

中性（单位：元）			
年份	社平工资（缴费基数）	每月工资	个人账户年储存额
1	9000	18000	17280
2	9180	18360	17625.6
3	9360	18720	17971.2
4	9540	19080	18316.8
5	9720	19440	18662.4
6	9900	19800	19008
7	10080	20160	19353.6
8	10260	20520	19699.2
9	10440	20880	20044.8
10	10620	21240	20390.4
11	10800	21600	20736
12	10980	21960	21081.6
13	11160	22320	21427.2
14	11340	22680	21772.8
15	11520	23040	22118.4
16	11700	23400	22464
17	11880	23760	22809.6
18	12060	24120	23155.2
19	12240	24480	23500.8
20	12420	24840	23846.4
21	12600	25200	24192
22	12780	25560	24537.6

续表

23	12960	25920	24883.2
24	13140	26280	25228.8
25	13320	26640	25574.4
26	13500		
27	13680		
28	13860		
29	14040		
30	14220		

乐观假设：缴纳30年，工资一直是3倍社平工资（高收入群体），社平工资每年上涨3%（单利），个人账户投资收益率为3%（复利）。该假设下，退休前（60岁）的月收入为50490元，60岁退休时的退休金为22687元。

乐观（单位：元）			
年份	社平工资（缴费基数）	每月工资	个人账户年储存额
1	9000	27000	25920
2	9270	27810	26697.6
3	9540	28620	27475.2
4	9810	29430	28252.8
5	10080	30240	29030.4
6	10350	31050	29808
7	10620	31860	30585.6

续表

8	10890	32670	31363.2
9	11160	33480	32140.8
10	11430	34290	32918.4
11	11700	35100	33696
12	11970	35910	34473.6
13	12240	36720	35251.2
14	12510	37530	36028.8
15	12780	38340	36806.4
16	13050	39150	37584
17	13320	39960	38361.6
18	13590	40770	39139.2
19	13860	41580	39916.8
20	14130	42390	40694.4
21	14400	43200	41472
22	14670	44010	42249.6
23	14940	44820	43027.2
24	15210	45630	43804.8
25	15480	46440	44582.4
26	15750	47250	45360
27	16020	48060	46137.6
28	16290	48870	46915.2
29	16560	49680	47692.8
30	16830	50490	48470.4

数字是冷冰冰的，那如何理解这三种假设及其背后的寓意呢？

举个例子。2020 年，你和上铺的兄弟老张同时研究生毕业。你去了北京一家高科技医药研发企业，老张去了天津一家小型外贸公司。那一年，京津两地的社平工资（社保基数）都是 9000 元。

你努力打拼，运气也不错，收入一直维持 3 倍北京社平工资的水平，且持续交了 30 年的社保。老张也很努力，但行业效益一般，辗转多个工作，工资没有明显起色，收入一直稳定在天津社平工资的水平。而且交满 20 年社保养老，老张就“躺平”了，选择待业在家，打打零工。

除了你们二人之间的个人发展差异，京津两地之间也逐渐形成宏观上的差距。

北京社平工资以每年 3% 的速度上涨（乐观假设下），天津为 1%（审慎假设下），经过 30 年的发展，天津社平工资仅为北京的 68%。

不仅如此，社保养老金委托投资模式不同，导致投资收益也有高低。天津社保养老金的个人账户年化投资收益率为 1%，而北京为 3%，这导致了个人账户在 30 年的长期积累过程中，出现了投资收益分化。

最终，在四个因素的合力作用下，你每月的退休金是 22000 元，老张的退休金只有 4000 元。

当然，你和老张的故事未免显得太极端了。真实世界的故事往往是三种假设的随机组合，是乐观和审慎的综合体。

像你一样占尽优势——收入一直是 3 倍社平工资、坚持 30 年社保从未中断、社平工资和个人账户收益率都高速增长的情况，其实并不多见。

你不会占尽优势，也不会尽是劣势。比如，你是一个兢兢业业安分守己的市民，坚持长期缴纳社保，虽然你所在城市的经济发展相对一般，退休时的社平工资指标不甚理想，但你超长的缴费期却为你带来了更多的养老金。

再比如，你的收入处在城市前列，但由于工作变动，交了十年社保你就不交了（或者大幅降低缴纳比例了），忙着投入万众创业的时代大潮里，回首往事，你虽一度自诩高收入人群，却也没想到退休后的社保养老金远低于预期。

总之，一个人的养老金既取决于个人的努力，也取决于时代的进程。任何一个参数的调整都会影响最终的领取额。一切的结果，都在时间的轮盘里埋下了伏笔。

那么，对你来说，社保养老模拟测算表有什么用呢？你可以结合自身实际情况，大致推算出退休时点你的社保养老金水平，并指导你的养老金规划。

以我为例，我将四个指标分别设置为中性、乐观、审慎、中性。

	审慎假设	中性假设	乐观假设
个人工资		√	
缴费年限			√
社会平均工资	√		
个人账户收益率		√	

个人工资指标，我的假设为中性。即假设我的收入长期保持在 2 倍社平工资。首先，我有信心赚取高于社会平均工资的能力，但高达 3 倍的社平工资，长期维持是比较困难的。职业生涯有波动，即使现在收入高，未来也不见得能长期维持，所以我选择折中思路，选择中性。更重要的是，2 倍和 3 倍社平工资的区别，并不是影响领取金额的主要因子，即使预测低于实际，带来的最终值偏差也非常小，这个现象我在开篇第一章就分析过。

缴费年限指标，我的假设为乐观。即假设社保养老缴费期限长达 30 年。工作后我从未断缴社保，只要有工作，我就会确保缴纳社保，所以缴费 30 年对我来说是能够实现的。如果你仔细研究领取公式的话，除了社平工资，最具有决定性的因子就是缴费年限了。社平工资是时代洪流，我决定不了，但缴费年限完全取决于我。同时，“公共政策激励长期坚持者”的底层逻辑不会轻易改变，我押注缴费年限这个指标大概率是一个明智的选择。总之，我选择乐观假设。

社平工资涨幅指标，我的假设为审慎。即社平工资会按照 2%（单利）的增幅上涨。如果你只看过去 20 多年社平工资数据，就会想当然地认为上涨是一种常态。但从 2016 年开始，随着宏观经济不确定性因素增加，各地方财政进入紧平衡状态，社平工资这个指标很难长期保持大幅上涨。北京等地区甚至由于疫情等原因，还出现了社平工资不升反降的现象。在公共政策中，社平工资这个指标关乎民生的多个方面，比如低保、工伤、社保等多项福利政策，大幅提升或下降社平工资都会产生一系列连锁反应，并给财政带来巨大的负担和压力。因此，我倾向于认为社平工资涨幅有限，假设为审慎。

个人账户收益率指标，我的假设为中性。即假设个人账户的收益率为 2%（复利）。一方面，我们认可社保基金理事会的资金聚拢功能逐步增强、投管能力逐步提升，但另一方面，我们也要看到各地区之间养老金个人账户的盈亏情况差异较大，部分地区甚至出现了从个人账户支取以弥补统筹账户余额不足的问题。两相抵消，我认为将该指标定位为中性是比较合理的假设。更重要的是，个人账户对养老金领取的影响力本就有限，收益率上的差异便成了次要因子，预测准确与否并不重要。领取金额主要还是取决于社平工资和缴费期限这两项指标。

年份	社平工资（缴费基数）（单位：元）	每月工资（单位：元）	个人账户年储存额（单位：元）
	审慎	中性	中性
1	9000	18000	17280
2	9180	18360	17625.6
3	9360	18720	17971.2
4	9540	19080	18316.8
5	9720	19440	18662.4
6	9900	19800	19008
7	10080	20160	19353.6
8	10260	20520	19699.2
9	10440	20880	20044.8
10	10620	21240	20390.4

11	10800	21600	20736
12	10980	21960	21081.6
13	11160	22320	21427.2
14	11340	22680	21772.8
15	11520	23040	22118.4
16	11700	23400	22464
17	11880	23760	22809.6
18	12060	24120	23155.2
19	12240	24480	23500.8
20	12420	24840	23846.4
21	12600	25200	24192
22	12780	25560	24537.6
23	12960	25920	24883.2
24	13140	26280	25228.8
25	13320	26640	25574.4
26	13500	27000	25920
27	13680	27360	26265.6
28	13860	27720	26611.2
29	14040	28080	26956.8
30	14220	28440	27302.4

社平工资确定了，缴费期限确定了，个人账户按 2% 复利增

长的规则也确定了，可以得出统筹账户可以领取的金额为 6399 元（14220 × 1.5 × 30 × 1%），个人账户退休时的账户价值约为 90 万元，可得个人账户的领取金额为 6474 元（900000 ÷ 139）。

两者相加，我的社保养老金领取额约为 12000 元，按照退休前 28000 元的收入计算，养老金替代率约为 40%，远低于 70% 的合理替代率，就连 50% 的安全边界也无法达到。

正是基于这个判断，我将我第三支柱中的终身养老年金的领取金额设定为 1 万元整[①]。有了这 1 万元，我的养老替代率就可以达到 70%。

① 即我买的两份终身养老年金，在 30 年里累计投入 90 万元，退休时每年领取 12 万元。本书正文里有相关介绍。

附录 2：企业年金，退休后可以派发多少钱？
——企业年金模拟领取测算

如果你是企业年金的参与人，可以向公司人力资源部相关负责人咨询以下问题，获取详细数据，最终计算出自己的企业年金的预计领取金额。你也可以联系槽叔团队的养老金规划师，详细计算。

另外，职业年金由于空账问题，无法参考计算，不适用于此测算模型。为尽可能准确地计算你的企业年金，请务必向企业人力等相关部门询问以下几个问题。

问题 1：目前企业年金账户单位缴费部分的净值是多少？

问题 2：目前企业年金账户个人缴费部分的净值是多少？

问题 3：目前企业年金账户单位和个人缴费比例分别为多少？

问题 4：预计退休年龄是？

问题 5：离职后，企业年金账户单位缴费部分是否属于个人？

问题 6：企业年金的投资管理人主要有哪些机构？投资说明书是否可以获取？

附录 3：医疗险费率表

我们在第四章“摆脱因病致贫：医疗通胀基金”一节里，科普过一个知识点：随着年龄的增长，医疗险在不断涨价。尤其是 60 岁之后，保费上涨的斜率增加，涨幅明显扩大。

为便于大家理解，我特意选取了一份市场上较有代表性的医疗险产品，将其费率表（部分）作为附录，供读者参考。

我截取了 40~90 岁的续保价格，可以明显看出：从 60 岁起，保费增幅逐渐变快；70 岁以后，保费突破 1 万元，这还是在仅仅考虑年龄、不考虑通胀的情况下。退休后医疗险保费支出的增幅，可见一斑。

当然，如果你已经拥有了一份类似这款产品的住院医疗险，你可以拿出自己的医疗险费率表，或者让你的经纪人发给你，了解一下医疗险保费的增长情况。如果你希望获取完整的表格，可以在微信公众号“槽叔”后台回复关键词：附录。

个人长期医疗保险费率表 基准费率（无可选保障）		
年龄（周岁）	续保或保证续保期间届满 30 年重新投保	
	有基本医疗保险或公费医疗	无基本医疗保险或公费医疗
40	563	1234
41	656	1440
42	718	1577
43	745	1636
44	822	1803
45	898	1970
46	1028	2262
47	1121	2467
48	1218	2680
49	1311	2885
50	1411	3106
51	1500	3300
52	1604	3530
53	1705	3751
54	1803	3967
55	1910	4200
56	2202	4845
57	2216	4874
58	2232	4910
59	2249	4946

续表

60	2268	4989
61	2836	6239
62	2856	6283
63	2877	6328
64	2898	6376
65	2922	6429
*66	3712	8166
*67	3739	8226
*68	3771	8294
*69	3804	8368
*70	3840	8447
*71	4872	10717
*72	4914	10812
*73	4962	10917
*74	5013	11027
*75	5067	11149
*76	6389	11277
*77	6448	11415
*78	6513	11564
*79	6581	11719
*80	6655	11884
*81	8374	12059

续表

*82	8452	12241
*83	8537	12436
*84	8625	12635
*85	8719	12846
*86	10953	15743
*87	11051	15977
*88	11156	16225
*89	11265	16479
*90	11381	16746

附录 4：终身养老年金利益演示表

当你希望为自己锁定一份终身养老年金时，你会看到终身养老奶奶金的计划书。本附录提供的计划书，来自某终身领取的养老金，也是我和家人的同款产品，可以作为你的参考。

这份计划书是为 30 岁男性做的。假设每年交 6 万元，连续交 10 年（即交到 40 岁即止）。可以看到：60 岁起，这位男性每年可以领取 9 万元，同时可以在任何时候选择全额退保，拿回的金额就是“现金价值”那一栏所显示的数额。在阅读计划书时，请务必关注以下两点：

第一，每年领取金额。它决定了退休后，每年你可以领取多少钱?

第二，年度末现金价值。它决定了如果你因特殊情况（比如着急用钱、重病导致时日无多等），需要全部支取时，可以获得的那一大笔钱金额是多少?

回答好这两个问题，你才能买到适合自己的、称心如意的终身养老年金。

如果你希望获得这份附录完整的电子版，可以在公众号“槽叔”后台回复关键词：附录。

终身养老年金计划书（单位：元）								
保单年度	保单年度末年龄	年交保险费	累计已交保险费	保单年度末现金价值	保单年度末身故保险金	每月养老年金	养老年金累计领取金额（无息加总）	养老年金累计领取金额（4% 累积生息）
1	31	60000	60000	20934	60000			
2	32	60000	120000	48774	12000			
3	33	60000	180000	82296	18000			
4	34	60000	240000	120150	240000			
5	35	60000	300000	160824	300000			
6	36	60000	360000	204498	360000			
7	37	60000	420000	251364	420000			
8	38	60000	480000	301608	480000			
9	39	60000	540000	355452	540000			
10	40	60000	600000	413124	600000			
11	41		600000	435642	600000			
12	42		600000	459414	600000			
13	43		600000	484512	600000			
14	44		600000	511008	600000			
15	45		600000	538992	600000			
16	46		600000	568554	600000			
17	47		600000	599796	600000			
18	48		600000	632784	632784			
19	49		600000	667584	667584			
20	50		600000	704304	704304			

续表

21	51		600000	743040	743040			
22	52		600000	783906	783906			
23	53		600000	827016	827016			
24	54		600000	872502	872502			
25	55		600000	920490	920490			
26	56		600000	971112	971112			
27	57		600000	1024524	1024524			
28	58		600000	1080870	1080870			
29	59		600000	1140318	1140318			
30	60		600000	1113030	1113030	90000	90000	90000
31	61		600000	1088094	510000	90000	180000	183600
32	62		600000	1062510	420000	90000	270000	280944
33	63		600000	1036356	330000	90000	360000	382182
34	64		600000	1009710	240000	90000	450000	487469
35	65		600000	982674	150000	90000	540000	596968
36	66		600000	955386	60000	90000	630000	710847
37	67		600000	927690		90000	720000	829280
38	68		600000	899046		90000	810000	952452
39	69		600000	869430		90000	900000	1080550
40	70		600000	838836		90000	990000	1213772
41	71		600000	807282		90000	1080000	1352322
42	72		600000	774846		90000	1170000	1496415
43	73		600000	741660		90000	1260000	1646272
44	74		600000	707922		90000	1350000	1802123
45	75		600000	673884		90000	1440000	1964208
46	76		600000	639834		90000	1530000	2132776
47	77		600000	606090		90000	1620000	2308087
48	78		600000	572952		90000	1710000	2490411

续表

49	79		600000	540672		90000	1800000	2680027
50	80		600000	509442		90000	1890000	2877228
51	81		600000	479382		90000	1980000	3082317
52	82		600000	450540		90000	2070000	3295610
53	83		600000	422916		90000	2160000	3517434
54	84		600000	396462		90000	2250000	3748132
55	85		600000	371100		90000	2340000	3988057
56	86		600000	346764		90000	2430000	4237579
57	87		600000	323358		90000	2520000	4497082
58	88		600000	300828		90000	2610000	4766966
59	89		600000	279156		90000	2700000	5047644
60	90		600000	258318		90000	2790000	5339550
61	91		600000	238320		90000	2880000	5643132
62	92		600000	219168		90000	2970000	5958857
63	93		600000	200862		90000	3060000	6287212
64	94		600000	183432		90000	3150000	6628700
65	95		600000	166896		90000	3240000	6983848
66	96		600000	151290		90000	3330000	7353202
67	97		600000	136608		90000	3420000	7737330
68	98		600000	122820		90000	3510000	8136823
69	99		600000	109830		90000	3600000	8552296
70	100		600000	97476		90000	3690000	8984388
71	101		600000	85422		90000	3780000	9433764
72	102		600000	72984		90000	3870000	9901114
73	103		600000	58542		90000	3960000	10387159
74	104		600000	38004		90000	4050000	10892645
75	105		600000			90000	4140000	11418351
76	106		600000			90000	4230000	11965085

附录 5：增额终身寿险利益演示表

规划增额终身寿险时，你会看到一份产品计划书。本附录提供的产品可以作为一个参考。在阅读计划书时，请务必关注以下两点：

第一，现金价值的情况。增额终身寿险的现金价值，就是可以自由支取的金额，如同你银行活期账户里的存款一样，至关重要。

第二，你可以模拟一个支取需求。比如，你可以对你的养老经纪人说：“我希望在 60 岁起，每年领取 2 万元，一直领到 80 岁。那个时候，这个增额终身寿险的账户上还有钱吗？还有多少钱？”类似这种模拟，有助于帮你梳理出养老金的支配路径。

如果你希望获得这份附录完整的电子版，可以在公众号“槽叔”后台回复关键词：附录。

终身寿险利益演示（单位：元）				
保单年度	年末年龄	年交保费（前）	累计保费（前）	年末现金价值（前）
1	36	100000	100000	21260
2	37	100000	200000	55270
3	38	100000	300000	104090
4	39	100000	400000	176910
5	40	100000	500000	332830
6	41	–	500000	422800
7	42	–	500000	516310
8	43	–	500000	613260
9	44	–	500000	634590
10	45	–	500000	656700
11	46	–	500000	679610
12	47	–	500000	703370
13	48	–	500000	727980
14	49	–	500000	753440
15	50	–	500000	779800
16	51	–	500000	807080
17	52	–	500000	835320
18	53	–	500000	864540
19	54	–	500000	894780
20	55	–	500000	926090
21	56	–	500000	958480
22	57	–	500000	992020
23	58	–	500000	1026720

续表

24	59	–	500000	1062640
25	60	–	500000	1099810
26	61	–	500000	1138290
27	62	–	500000	1178110
28	63	–	500000	1219320
29	64	–	500000	1261980
30	65	–	500000	1306120
31	66	–	500000	1351810
32	67	–	500000	1399100
33	68	–	500000	1448050
34	69	–	500000	1498710
35	70	–	500000	1551130
36	71	–	500000	1605400
37	72	–	500000	1661560
38	73	–	500000	1719680
39	74	–	500000	1779840
40	75	–	500000	1842100
41	76	–	500000	1906550
42	77	–	500000	1973240
43	78	–	500000	2042270
44	79	–	500000	2113710
45	80	–	500000	2187650
46	81	–	500000	2264100
47	82	–	500000	2343390
48	83	–	500000	2425360
49	84	–	500000	2510210

续表

50	85	–	500000	2598020
51	86	–	500000	2688900
52	87	–	500000	2782960
53	88	–	500000	2880320
54	89	–	500000	2981080
55	90	–	500000	3085360
56	91	–	500000	3193290
57	92	–	500000	3304990
58	93	–	500000	3420610
59	94	–	500000	3540260
60	95	–	500000	3664110
61	96	–	500000	3792280
62	97	–	500000	3924940
63	98	–	500000	4062240
64	99	–	500000	4204340
65	100	–	500000	4351410
66	101	–	500000	4503630
67	102	–	500000	4661170
68	103	–	500000	4824220
69	104	–	500000	4992980
70	105	–	500000	5167630
71	106	–	500000	5257190